D.カーネギーの突破力

D.カーネギー協会◆編
片山陽子◆訳

Dale Carnegie
Overcoming Worry and Stress

創元社

Overcoming Worry and Stress
By Dale Carnegie & Associates, Inc.

Publication exclusively licensed and arranged by JMW Group Inc.,
Larchmont, New York
through Japan UNI Agency, Inc., Tokyo.

D・カーネギーの突破力◆目次

第3章 職場の悩みを克服する◆053

第4章 ポジティブな姿勢を育てる◆081

第5章 恐れを克服する◆093

第9章 職場の変化を乗り切る◆175

デール・カーネギーの原則◆197

装幀◆日下充典

はじめに
◈◆◈悩みにつきまとわれないために

悩みのない人はいない。だが大方の悩みはいっときのもので、放っておいても自然に消えていく。しかし、しつこい悩みに長くつきまとわれると、エネルギーを奪われ、気力、体力が落ちて心身が消耗することがある。慢性的な悩みが喘息やアレルギー、心臓病、高血圧といったさまざまな病気や体の不調の原因になっていることが医師によって指摘されている。

悩みを抱えると心が乱れ、考えがまとまらず、事実でもないさまざまなことについてとりとめもなく思いをめぐらすことになる。だが悩みは、追い払おうと思えば追い払える。心のなごむものや穏やかになるもの、美しいもの、正しい行動や愛や理解といったものに考えが向かうように頭を訓練すればいい。ネガティブな思考を建設的な思考と取り替えるのだ。

悩みは光に満ちた人生を闇に変える。闇に勝つには明かりを灯すことだ。太陽が霧を晴らすように、明かりが闇を追い払うだろう。悩みという暗がりに四方八方を塞がれたら、心に明かりを灯す。私たちが強いこと、そんな問題など軽く乗り越えられることを思い出すといい。己を信じていると自分に言い聞かせる。そして悩みを分析して理性の光にかざす。悩みを分解して小さなかけらにし、こう自問するといい。「これらは事実なのか？　なぜそう思うのだろう？　こうして悩むことで何かが変わるだろうか？　これらの悩みの背後に何か真実があるのか？」

悩みは合理的な思考で取り扱わなければならない。そうすれば悩みは分解され、それらが心のなかの幻であって、理屈に合わない錯覚だということがわかるだろう。悩みは実体ではなく、心に落ちた影にすぎない。

影には何をどうする力もない。悩みは心のなかの影にすぎず、したがって実体もなく、背後に真実もない。実体のない影について思い悩んでも何の意味もない。

思い悩むのではなく、それを前向きな思考に転換する。そうやってひたすら前向きに考えれば、やがて心が真実をつかむだろう。そうすれば私たちは自由になり、前進できる。いくらか努力はいるが、これは誰にでもできることだ。だから、やる決心をするべきだ。自分にこう言い聞かせてほしい。「私は悩みを克服する。悩みに正面から取り組む。悩みは心のなかの影にすぎない。もう影に振りまわされたりするものか」

本書では、私たちを日々思い悩ますものに目を向けたい。家庭や職場で発生するいろいろな悩みを検討する。そしてストレスを減らし、「燃え尽き」を避け、悩みを建設的な思考と行動に置き換えてポジティブな心の姿勢を保つ方法を学んでいきたい。

本書を十分に役立てるには、まず全体を通読して、悩みとストレスへの対処について大まかに概念をつかみ、それから各章を読み直して、それぞれの領域についてのアドバイスに従うことを始めてほしい。

悩みを完全になくすことはできない。だがその悪い作用を最小限にして、悩みを前向きな行動に転換することは誰にでもできる。そうすることで人生がもっと幸福になり、豊かになるだろう。

編者◆アーサー・ペル

第1章
悩むのは身体に悪いだけ

明日降りかかるかもしれない難題や、いつか起きるかもしれない災難が頭のなかを駆けめぐり、夜中に冷たい汗をかいて飛び起きたことがこれまでに何度あっただろう。楽しいことの真っ最中に、心配事が心にむくむくと湧き出して、身がすくんだことがどれだけあったことか。

そんな悩みに取りつかれたり、心配事を抱えたりしたことがまったくないという人は、おそらくいないだろう。だが何週間か、あるいは何カ月かあとになって、それほど心を苦しめたその一件をふり返ってみると、たいていの場合、夜中に飛び起きなければならないほどの、あるいは楽しみを台無しにしなければならないほどの大問題は何も起きなかったか、たとえ何か起きたとしても、予想したほど大変なことではなかったことがわかるものだ。

悩んでも問題は解決しない。その代わり多大なエネルギーが浪費される。そのエネルギーを、くよくよ思い悩むのではなく、悩みを解消する建設的な行動に振り向ければ、不安やつらさを克服できるだけでなく、より健康に、より幸福に生きることができる。

これは何も新しい考えではない。はるか昔から預言者も哲学者もいろいろな言葉で同じことを語ってきた。デール・カーネギーも著書『道は開ける』(*How to Stop Worrying and Start Living*)で、この問題に集中的に取り組んでいる。本書の提案をいくつか実践するだけでも、ほとんどの人が、自分の抱える悩みや心配事を適切な見方でながめられるようになるだろう。

悩みを最小限にする三つの方法

悩まないように、と人に言うのは簡単だが、容易に実行できることではない。つぎの方法がしばしば助けになる。

1◆困った問題が降りかかったとき、いつまでもぐずぐずと考えるのはやめる。一度真剣に考えたら、そこで見切りをつけてきっぱり決断する。悩みのほとんどは優柔不断から生じている。

決断したら、その方針を貫く。その判断がつねに正しいとはかぎらないが、前向きな行動に出ることは、たいていの場合、何もしないよりましである。ただし、失敗をまったく予期しないという「失敗」をしないように。

2◆考えていたつもりが、いつのまにかただ悩むだけになっていないか気をつける。考えるのと悩むのは違うことを忘れてはいけない。明晰な思考が建設的であるのに対し、悩むのは破壊的だ。

3◆悩みのタネとなっている問題を解決できる方法があれば、それを実行する。もう同じ悩みを抱えなくてもすむように、できることをすべてする。

ニューヨーク市の高齢者センターに通う人が、行き帰りに強盗に襲われることを心配していた。毎日ヒヤヒヤしながら通ううちに、メンバーの多くはアパートに引きこもるようになり、どうにか通ってくる人たちも、日々決死の覚悟というありさまだ。やがて最年長の一人が気づいた。この悩みはメンバー全員に破壊的な痛手を与えているのに、私たちは何の手も打たず、事態は深刻さをますばかりだと。それまでただぐずぐずと悩んでいるだけで何も行動を起こさなかった彼は決心した。その結果どうなったか。何人かの男女がグループをつくり、時間を申し合わせて毎日いっしょに「危険地帯」を通り抜けることになった。悩むのではなく建設的に考えることで問題は解決したのだった。

まず自分に問いなさい。起こりうる最悪の事態は何か？
そして、その最悪の事態を受け入れる覚悟をする。
それから、その最悪の事態が少しでもよくなるような努力をする。

デール・カーネギー

確率を考える

大学を休学したマイクが、その年頃の多くの若者がそうするように、ヒッチハイクで全米を旅してまわることにした。それを聞いた母親はおろおろするばかり。息子の身に起きるかもしれないあらゆることを心配して、夜は一睡もできなくなった。殺されるかもしれない……誘拐されるかも……ドブに落ちるかも……逮捕されるかも……きっと病気になる……もし悪い仲間に引き込まれたら……。そんな晩が何週間もつづくと食事も喉を通らなくなり、何をしても楽しくなくなった。そしてただ悶々と心配しつづけた。

その悩みを母親から打ち明けられた友人は、毎年何千人もの若者が同じ行動を取っていることを指摘した。「そのうちの何人が、実際にそんな不運な目に遭っているかしら?」

友人の勧めで警察や新聞社や役所に問い合わせると、若者がそういう災難に遭う率はほんのわずかであることがわかった。確率の針は、息子が何事もなく元気で帰ってくるほうに大きく振れていたのである。母親はこのことを受け入れると、ほっとして心配するのをやめ、もとの日常を取り戻した。ときには不安な思いが心をよぎったが、もう生活に支障が出たりはしなかった。やがて息子は長旅から無事に戻り、大学にも復帰した。もしも母親が、息子の行動を適切な視野でながめることができなかったら、おそらく健康も心のバランスも失われていただろう。

今日というこの一日だけを生きる

デール・カーネギーは『道は開ける』のなかで、二〇世紀初頭の高名な医学者で哲学者でもあったウィリアム・オスラーが、イェール大学の学生に行なった講演の一節を引用している。外洋を航行する大型船では、万一のときに船全体に危険がおよぶのを避けるために、船長が船内を区画ごとに遮蔽する権限をもっている。オスラーはそのことを述べて、こう続けた。

「さて、あなたがた一人ひとりは、この大型船よりもずっと優秀な組織で、ずっと長い航海に出ていくわけです。そこで是非とも申し上げたいのは、この航海を安全にする最も確かな方法として、『この一日』という区切りのなかで生きられるように自分自身を操作することをおぼえてほしいということです。ブリッジに立って、まずは大きな防水壁がきちんと作動することを確かめ、そしてスイッチを押す。そうすれば生活のあらゆる面において、分厚い鉄のとびらが、過去やすんでしまった昨日を締め出していくのが聞こえるでしょう。もう一つスイッチを押して、過去と同様に未来もきっちりと鉄のとびらで遮断する。……未来とはとりもなおさず今日なのです。……明日はありません。未来のことで気をもめば、エネルギーの浪費や心労や不安が歩みをじゃまするでしょう。……前方と後方の隔壁をぴたりと閉ざしてください。そして区切られた『この日』だけを生きることを習慣にする覚悟をしてください」

オスラー博士は明日に備える努力をするなと言ったのではない。明日に備える最良の方法とは、ありったけの知性とありったけの情熱を傾けて、今日の仕事に今日取り組むことだと語ったのだ。それが未来に備えられる唯一の方法なのだと。

過去と未来を鉄のとびらで閉ざす方法の一つとして、デール・カーネギーはつぎのように自問し、その答えを紙に書くことを提案している。

1◆先のことを悩んだり、「水平線のかなたの魔法のバラ園」にあこがれたりして、いまこのときを生きるのを怠っていないか？

2◆すんだことや、しでかしたことなど過去のことにくよくよして、いまこのときまで苦々しいものにしていないか？

3◆朝起きたとき、今日というこの日を逃がすまいと、すなわちこの二四時間を最大限に活用しようと決心しているか?
4◈「今日という一日だけを生きる」ことで、人生をもっと豊かにできないか?
5◈この生き方をいつから始めるか? 来週からか、明日からか、それとも今日からか?

昔からこう言われる。「過去のことはすんだこと。私たちには変えられない。未来のことはわからない。だが今日という日は贈り物。だからプレゼント(いまこのとき)と呼ばれる」

三つの鍋の寓話

事態が悪化の一途をたどっているようなときは、希望を失いやすい。どうあがいても少しもよくならないように見えるときもある。つぎの寓話は、つらい境遇にあるときも自らの生き方をべつの目で見直すことを教えてくれる。

若い娘が母親のところへ来て、どんな暮らしをしているかを話し、つらくてやりきれないのだと訴えた。これ以上やっていけない、何もかも投げ出したい気持ちだと。娘は闘いに疲れていた。問題が一つ片付くと、すぐにべつの一つがもち上がるかのようだった。

母親は娘を台所へつれていき、三つの鍋に水をくんで強火にかけた。ほどなくして湯がわくと、一つめの鍋にはニンジンを、二つめには卵を、三つめには挽いたコーヒー豆を入れ、黙って煮立たせつづけた。

二〇分ほど経つと母親は火を消し、鍋からニンジンを出して鉢に入れた。卵もべつの鉢に取り出し、コーヒーもカップに取った。そして娘に向かってこう言った。「さて、何がどうなったのかしら？」

「ニンジンと卵とコーヒーじゃないの」と娘は答えた。母親は娘をそばへ呼び、ニンジンにさわらせた。ニンジンは柔らかくゆだっていた。つぎに卵の殻をむかせた。卵は芯まで固くなっていた。最後にコーヒーを飲んでごらんと言った。娘はニッコリして、その豊かな香りを味わった。

「でもお母さん、いったい何が言いたいの？」

その三種類の物質は、鍋で煮立てられるという同じ災難を被ったのだと母親は言った。しかしそれぞれの反応は違った。固くて張りがあったニンジンは煮え湯にさらされ、崩れるほど弱いものになった。薄い殻で包まれていただけの柔らかい卵は、熱に耐えているうちに芯まで固くなった。そしてそのどちらとも違う反応をしめしたのが挽いたコーヒー豆だった。煮立てられているうちに湯のほうを変えてしまったのだ。

「おまえはどれだろうね」と母親はたずねた。「つらい目にあったとき、おまえの反応はどれだろう。ニンジン？　卵？　それともコーヒー豆かしら？」

考えてみよう。私はどれだろう。私はニンジンか？　強そうに見えても、苦痛や災難に遭うとたちまちへこたれて、つぶれてしまうニンジン？　それとも卵？　液体の中身はどんな形にも適応しそうなのに、熱によって変わってしまう卵か。かつては柔軟な精神をもっていた私も、死別や反目やお金の苦労を経験するうちに、心が硬直してはいないだろうか。外側は同じようでも、かたくなで厳しく苦々しい人間に変わってはいないか。

それとも私はコーヒー豆か？　コーヒー豆は、なんと湯のほうを変えてしまう。苦痛をもたらす環境そのものを、まったく違うものに変えてしまうのだ。湯が熱くなるにつれ、うっとりするような味と香りを放出して。もしもコーヒー豆のような人間なら、最悪の事態に置かれても、身に秘めた力を発揮して、周囲の状況をよりよいものに変えるだろう。暗い時代や厳しい試練に遭遇したときに、私たちは自分を一段高いものへと引き上げることができるだろうか。私たちは逆境にどう向かい合っているだろう。ニンジンのようにか、卵のようにか、それともコーヒー豆のようにか。

どんなに幸福な人でも、よいことばかり起きているとはかぎらない。幸福な人は、やって来るものを最大限に活用しているだけなのだ。明るい未来は、つねに過去を忘れることから始まる。過去の失敗や苦しみから解き放たれるまで、人は前進できない。

この古い言葉を日々のいましめとしてほしい。「人は、まわりが笑うなかで泣きながら生まれる。人生の終わりには、まわりが泣くなかで笑いながら死ねるように生きていくべきだ」

自分に欠けているものを気に病む人は、
備わっている大事なものを思えばいい。
それだけで悩みは消える。

デール・カーネギー

悩みを減らす一〇の助言

悩みのない人生など、無論ありえない。いやでも気のもめる困った事態は、日々容赦なく起きるし、起きれば当分は生活がかきみだされる。とはいえ、ほんのささいなことや一過性のこと、実際には存在さえしない問題に悩んでいる人がなんと多いのだろう。そんな悩みに振りまわされないように、つぎの助言をしておこう。

1◆人のことに口出しをしない

たいていの人が他人のことに口出しして、厄介事を自分でつくりだしている。口出しするのは、自分のやり方が最良だとなぜか信じているからで、考え方の違う人には言って聞かせて自分と同じ正しい方向へ導いてやらなければならないと思うからだ。人間は勝手なものだ。自分はつねに正しいと思い、その「正しい道」に他人を立たせるのは自分の務めだと思っている。人は人、自分は自分と考えて、求められたときだけアドバイスをすれば、悩みはずっと少なくなる。

2◈恨みをもたない

侮辱されたり傷つけられたりした相手を恨むのは自然なことだ。それでも前進したければ、赦し、忘れるすべを身につけることが必要だ。人生はそういうつまらないことに浪費するにはあまりに短い。忘れる。赦す。そして前へ進むのだ。

3◈自分を信じる

手柄を認めてもらえないのは不愉快だ。しかし上司や同僚がほめてくれることはめったに、いや、実は決してないかもしれない。利己的な動機がないかぎり、他人をほめない人間がとても多いことをおぼえておこう。批判はすかさずするが、手柄に対しては知らん顔だ。そして、私たちは人からどう思われるかを気にしすぎる傾向がある。自分の能力と長所を心から信じていれば、人からどういう態度をしめされようとあまり悩まずにすむ。

4◈嫉妬しない

嫉妬がどれほど心の平和を乱すものか知らない人はいないだろう。同僚よりよく働いているのに向こうは昇進し、こちらは取り残される。同じ商売をしているのに競争相手のほうがなぜか儲かる。自分より新しくて高価な自動車をもっている隣人がしゃくにさわる……。嫉妬しても問題は解決しない。悩みと心の乱れを招くだけである。人を妬まず、自分がもっているものを受け入れて、それを向上させる努力をするべきだ。

5◆変化を恐れない

変化はいやおうなくやってくる。変化なしでは進歩もない。それでも変化を嫌がる人は多い。慣れ親しんだ居場所を失うからだ。変化を余儀なくされたときは、悪く作用することを心配せず、それによってよくなる面に注目しよう。

変化は他から押し付けられるものとはかぎらない。私たち自身もつねに物事のやり方を研究し、より効率的な方法を求めるべきだ。変化を提案することにはリスクがともなう。成功する人たちはそのリスクを受け入れている。そして一時の敗北にくよくよせず、立ち直って前進する。

6◆避けられないものは受け入れる

勤続二二年のエディスは、八年後に迫った退職を楽しみにしていた。だから会社の倒産が発表されたときは目の前が真っ暗になった。彼女の人生設計は、すべてが職場から与えられるはずの保証にもとづいていたのだから。

エディスは毎晩泣きながら眠りについた。誰にも頼らず、自立して生きていることがいちばんの誇りだった。それがいままでは子供たちの世話になるしかないありさまだ。ほんの二〜三週間のうちにエディスは自信に満ちた快活な人間から、偏頭痛とたえまない胃痛に悩む神経病患者へと変わっていた。医師は、彼女の治療に必要なのは薬ではないと判断した。そして神学者ラインホルト・ニーバーの「平静な心を求める祈り」を読んで、考えることを勧めた。

神よ、われに与えたまえ
変えられないことを受けいれる心の平静と
変えられることを変えてゆく勇気と
それらを区別する叡知とを

エディスは変えられること（自分の姿勢）と変えられないこと（会社の倒産）の区別をつけた。そして家族や友人の助けを借りながら、避けられない事態を受け入れ、新しい職を探すことに乗り出して、やがて人生のつぎの段階へと期待に満ちて踏み出していった。

マザーグースの歌の一つを拝借しよう。「王様の馬と王様の家来をみんな呼び集めても、過去をもとには戻せない」。変えられないことはさっぱりと忘れる。そして持てる力をかき集め、きっとやり遂げられるという姿勢を呼び戻して、巻き返しに乗り出すのだ。

7◆多くを引き受けすぎない

実行できないほど多くのことや大きな責任をつい引き受けてしまうのは、たいていは自尊心を満足させたいか、人から高く評価されたいからだ。私たちは自分の限界を認識する必要がある。特別な仕事を引き受けてほしいと頼まれても、すでに手いっぱいなら如才なく、ていねいに断る。

8◆頭をいっぱいにしておく

頭のなかがポジティブな思考でいっぱいになっていないと、そこに悩みが割って入る。たいていは取るに足りないことや、起こりそうにもないことについての心配だ。頭のなかは前向きな明るい考えや、考える価値のあることで満たしておかなければならない。すぐれた本を読む、いい音楽を聴く、瞑想する、価値ある地域活動や楽しい趣味に没頭する……。ただ人生の喜びや恵みについて考えるだけでもいい。そうしたことが頭のなかの悩みを締め出してくれる。

9◆嫌いな仕事を先にする

どんな仕事にも、また生活のどんな側面にも、嫌いだけれどもやらなければならないことがある。そういう仕事はたいてい後回しにし、好きなものから手をつけるのがふつうだ。だが嫌いな仕事もいつかはやらなければならない。これは自分で自分の首をしめる行動だ。人の心理のつねとして、嫌いな仕事を後回しにして好きなことをやっていると、その好きなことさえ楽しめなくなる。「これが終わったら、あの嫌な仕事が待っている」という思いが頭を離れないからだ。その嫌な仕事を最初に片付けてしまえば、あとは楽しいことが待っているだけだ。

10◈失敗から学ぶ

失敗は誰でもする。あらゆることを完璧にやってのけられる人はどこにもいない。前進したければリスクを負わなければならず、そのリスクとは要するに「失敗するかもしれない」ということだ。

リスクを負うといっても、それは向こう見ずになれということではない。成功する人は決断のたびにリスクを負うが、そのリスクは入念な分析とプランによって限界まで小さくされている。だがゼロにはならない。痛みがなければ儲けもないのだ。

失敗してしまったら、くよくよしたり塞ぎ込んだりせずに、原因を入念に調べ、可能ならやり直す。たとえやり直しがきかなくても、将来同じ過ちをくり返さないように、何が問題だったのかを分析し、他に取りうる道を探しておくことが重要だ。

忍耐力で悩みを突破する

成功者と呼ばれる人々の重要な共通点の一つは、いつでも成功してきたわけではないということだ。彼らはたとえ失敗しても、不運や力不足を嘆くかわりに、たちまち立ち直り、それまでの二倍も三倍も努力することで失敗や障害を乗り越えている。彼らは回復力がある。ストレスや悩みを自分で解消できる、いわば感情的知能指数の高い人々だ。

また、彼らに必ずあるのが忍耐力だ。どんな困難にみまわれても必ず成功してみせるという不屈の意志だ。状況がどれだけ悪かろうが、どんな妨害に遭おうが、どれほど落胆させられようが彼らは投げ出さない。悩んだり後悔したりすることにエネルギーを浪費せず、ゴールをめざしてより賢く、より懸命に奮闘する。

大きなことをなし遂げる人のすべてがこうした忍耐力を備えている。彼らとて何かの能力に欠けることもあれば、弱点や変わった癖などをいろいろ抱えていることもある。だが簡単にあきらめることだけは決してしない。

成功は一夜にして訪れたりはしない。アップル・コンピュータを完成させて成功を手にするまで、スティーブ・ジョブズとスティーブ・ウォズニアックは失敗の連続だった。一生成功できないかもしれないという心配はいつもあった。だが二人は不安を跳ね除け、つぎつぎと降りかかる問題の克服に全力で取り組みつづけた。

アメリカの詩人で哲学者のオリヴァー・ウェンデル・ホームズが、つぎの一節を残している。

あきらめてはいけない。時は変わりチャンスはめぐり来る。

百に一つのチャンスが、大志ある者を手助けするために。
混沌のときをとおして、崇高なる智慧が成功の手はずをととのえる。
もしあなたが、待つことさえできるなら。
あきらめてはいけない。なぜなら最も賢い者は最もはらの据わった者。
天が運命の杯を調合することを知っている者。
だからあらゆる金言のなかで、最もすぐれ、最も時を経たものは、
この断固とした言葉。「あきらめてはいけない」

ねばり強く目標をもちつづけることには他人を動かす力がある。人から信頼されるからだ。だからねばり強い人間が行動を起こせば、その戦いは勝ったも同然だ。その人だけでなく、仲間のすべてが勝つと信じているのだから。

忍耐力のある人間は、うまくいっていようがいまいが気にかけない。何事にも全力で取り組むだけだ。それが最も効率のいいやり方になる。

人生とは今日のことだ。今日だけが当てになる唯一の人生だ。だから今日を精一杯生きることだ。何かにわくわくするほど興味をもとう。自分を揺さぶり目覚めさせよう。好きなことに没頭しよう。

情熱の息吹に身を任せようではないか。今日を心から楽しみ味わうのだ。

デール・カーネギー

迷わない値打ち

まず何をするか決断する。決断したら、何があっても実行する。どちらを先にするかをいつまでも迷っていたり、決断を先送りしていたら、どちらも実行できない。

エジプトの砂漠にピラミッドを積み上げたのも、万里の長城を築いたのも、アルプス登頂も、大海を越えて新しい土地に渡り、偉大な国家を建設したのも、不屈の意志の力である。どんなに創造的なアイディアでも、揺るぎない意志がなければ儲かるビジネスには発展しないだろう。決然とした人々の、困難をものともしないねばり強さが、新しい発明や、科学的な発見や、医学の躍進をもたらして世界を変えてきたのである。

何の迷いもなく自らのすべてを仕事にささげられる人間は、必ず何かをなし遂げる。もし才能と良識も兼ね備えているなら、大成功まちがいなしだ。

眠れないときは、寝たまま悶々としていないで、

起きて何かをしたほうがいい。有害なのは睡眠不足ではなく、その悶々としていることのほうだから。

デール・カーネギー

ベンジャミン・フランクリンはまさにそういう人間だった。フィラデルフィアで印刷屋を開いたときは、たった一つの小さい部屋を、店にも作業場にも寝る場所にも使った。市内のある同業者に店をつぶされそうなことがわかると、その同業者を自分の店へ呼んだ。そして夕食はずっとそれだけと決めてきた一切れのパンを指差して、こう言った。「きみが私より安上がりに暮らせないかぎり、私が飢えることはなさそうだね」

世の中で失敗する大きな理由の一つは、投げ出すのが早すぎるということだ。コロラド州のある鉱山主が、金が出るらしい山を掘りはじめた。だが一〇万ドルを投じ、一年半かかって一・五キロ掘り進んでも、ついに金は発見されず、断念する。ところがその坑道を買い取ったべつの会社が、そこからほんの一メートル掘り進めると、なんと金の鉱脈に行き当たったのである。私たちの人生の鉱脈も、ほんの一メートル先に眠っているかもしれないのだ。

投げ出したくなった人のために

それでも投げ出したくなったら、つぎの詩を読むといい。たしかにそうだという気がして、降参するのはまだ早いという気持ちになれるだろう。

何もかもうまくいかないことがある、誰でもときどきはそうなるように。
とぼとぼと歩む道は、見たところどこまでも上り坂。
蓄えは乏しく、借金は重く、
微笑みたくても出るのはため息ばかり。
心配事に押しつぶされそうな気がするときは、
必要なら一休みすればいい。
だが投げ出してはいけない。

人生は見通しのきかない曲がりくねった道、誰でもときどきは思い知るように。
もう少し辛抱していたら、失敗せずにすんだとわかるのは、いつもあとから。
だから歩みがどれほど鈍く思われようと、投げ出してはいけない。

あともう一息で、勝利するかもしれないのだから。

成功は失敗の裏返し、銀色に輝く黒雲の裏側。
ほんの隣り合わせにあることが、私たちには見えないだけ。
はるか遠くに見えようとも、思いのほか近いのかもしれない。
だからどんなに打ちのめされても、踏みとどまって闘うのだ。
どん底に思えるときこそ、投げ出してはいけない。

まとめ

◆悩みを最小限にする三つの方法
・ぐずぐずと考えずに見切りをつけて決断する。一度決断したらその方針を貫く
・悩むことと考えることは違う。ただ悩むだけになっていないか気をつける
・問題を解決する方法があれば、できることをすべて実行する
◆「今日というこの一日だけを生きる」。先のことを悩んだり、過去のことをくよくよした

りしない。朝起きたときに、この一日を最大限に活用しようと決心する。そうした生き方を今日から始める。

◆悩みを減らす一〇の助言

・人のことに口出しをしない
・恨みをもたない
・自分を信じる
・嫉妬しない
・変化を恐れない
・避けられないものは受け入れる
・多くを引き受けすぎない
・頭をいっぱいにしておく
・嫌いな仕事を先にする
・失敗から学ぶ

◆成功者の共通点の一つは忍耐力を備えていることである。彼らは、簡単にはあきらめず、何事にも全力で取り組むことが最も効率のいいやり方だと知っている。

◆決断したら実行する。何の迷いもなく自らのすべてをささげる人間は、必ず何かをなし遂げる。

第2章 悩む癖を断つ

悩みを抱えると、その問題が現実のことであれ想像上のものであれ、元気やエネルギーがなくなるだけでなく、生活と仕事の質が深刻な影響を受ける。その問題を現実的に処理する能力も低下する。心が穏やかでないと、私たちは質の高い生活をおくれなくなり、論理的にものを考えることもできなくなるというわけだ。脳細胞が不安に毒されてしまい、新鮮な血液が隅々まで行きわたっているときとは違って、集中力もなくなる。

一九世紀末から二〇世紀初めのアメリカで、自己啓発という考え方のパイオニアとなったオリソン・スウェット・マーデンは、「悩むこと」についてこう述べている。

「ちっぽけな悩みや取るに足りない心配事ほど心の平和の大敵はない。私たちから安らぎと幸福と強さを奪っていくのは、勇気を奮って立ち向かわなければならないような大きな苦難ではなく、日常のちょっとしたストレスやほんの小さな気がかりなのだ。不機嫌な男女がしじゅう小言を言ったりいがみ合ったりしていれば、多くの家庭の平和と幸福が台無しになるだろう」

「人の生活における最も嘆かわしいエネルギーのむだは、取り越し苦労や先々の心配をしたがる悪い癖から発生する。そういう不安や心配はまず的中しない。なぜならそういうものは決まってただの想像上のもので、何の根拠もないものだからだ」

ささいなことで騒がない

何かと悩みがちな傾向や心配性は、どうしたら直せるのか？　最初にするべきことは、その心配や悩みのタネを分析することだ。悩みを抱えがちだという一群の人々に、いま何を悩んでいるのか質問したところ、失業とか健康問題、家族関係といった深刻な悩みもあったものの、大多数はささいな事柄だった。たとえば――

「今週末、雨が降らないかとても心配です。雨だとピクニックが中止になってしまうから」

「今度のダンスパーティーにドレスの仕立て直しが間に合うかどうかで、やきもきしています」

「父さんがもし今晩、車を使わせてくれなかったら困るなあ」

「レポートが期日までに提出できなかったらと思うと、もうパニックになりそうで……」

本人にとってこうした事柄はもちろん重要なことだろう。それでもこれくらいのことで悩んでいるほど人生は長くない。これらの心配がもし的中したとしても、それほど大した不都合ではないはずだ。

小さいことで大騒ぎしない。人生のちっぽけな白アリに幸福を台無しにさせてはいけない。

デール・カーネギー

心配するより行動する

心配事ができると気が滅入る。また心配事はきりがない。家族のこと、健康のこと、将来のこと……だがそれらは、実現する可能性があまりないことかもしれない。

ジェレミーは心配になった。つい先日、親友のガブリエルが心臓発作にみまわれたのだ。健康そのものに見えたのに、テニスの試合の最中に崩れるようにコートに倒れ、病院へかつぎこまれた。明日はわが身だ、とジェレミーは思った。ガブリエルと同様、四〇代の終わり。タバコは吸わないし酒もほどほど。定期的に運動もしているが、体重はだいぶオーバーしている。じわじわと不安がつのった。胸のあたりがチクッとするたび、これこそ発作の前兆にちがいないと恐れおののいた。日中は仕事に身が入らず、夜は寝つけなくなった。いま自分が死んだら家族はどうなるのだろう？　そんなことを考えて一睡もできない夜もあった。

ジェレミーはここ数年きちんと健康診断を受けておらず、医者に行くのが怖かった。行けば心臓が悪いとはっきり言われそうだったからだ。彼の妻は、そんなふうに心配事を抱えて悶々としていること自体が、実際に心臓発作の危険を招くことを知っていた。彼を病院へ引っぱっていき、信頼できる専門医のもとで徹底的な検査を受けさせた。その検査の結果、心臓にはいまのところまったく問題がないことが保証された。彼の不安は払拭されたのである。それだけでなく、医師から長く健康に生きられるような摂生法も指導され、ふだんの生活習慣も大きく改善された。

避けられないこととは共存する

人の力ではどうにもならないことが人生にはときどき起きる。たいていの人はただ運命とあきらめて、耐えて生きていくだけになる。しかしなかには、そうした状況にさえ利点を見出し、新しい目標を達成する人もいる。

人気俳優マイケル・J・フォックスもその一人だ。映画『バック・トゥ・ザ・フューチャー』の主役を演じて一躍ハリウッドのトップスターの仲間入りを果たし、成功の頂点に立った彼が、パーキンソン病と診断されたのは三〇歳のときだった。パーキンソン病は手足の震えや筋肉のこわばり、発話障害など多様な運動機能が損なわれる進行性の難病で、決定的な治療法はまだ知られていない。マイケルは病に屈することなく、症状や体調に合わせてスケジュールを調整し、その後数年間は仕事を続けた。しかし病状の進行にともない、俳優の仕事からは身を引いて、同じ病に苦しむ人々を助けることに人生をささげる決心をする。ヒト胚性幹細胞（ＥＳ細胞）研究の助成運動のリーダーとなり、パーキンソン病の治療法か、少なくとも進行を抑える方法を見つける研究を支援しようと「マイケル・Ｊ・フォックス・パーキンソン病研究財団」を設立した。

他の例をあげてみよう。デール・カーネギーはアメリカの名だたる実業家と面談し、彼らが避けられないことは受け入れて、あまり悩まずにやってきたという事実に感銘を受けた。たとえば大手百貨店チェーンの創業者Ｊ・Ｃ・ペニーはこう答えている。「たとえ一文無しになったって悩んだりはしないだろう。悩んでも何の得にもならないからね。できることは精いっぱいやるが、あとは神様が決めることだ」

自動車王ヘンリー・フォードはこう言った。「手の打ちようがないときは、ただなりゆきに任せる」

クライスラー社の社長Ｋ・Ｔ・ケラーはこう言った。「苦境に立たされたときは、できることがあれば、それをやる。なければ、もう考えない。私は先のことを悩んだりはしない。だって未来に何が起きるかなんて誰にもわからないんだから」

マザーグースにこんな歌がある。

この世に病はさまざまあるが、
つける薬はあったり、なかったり。
あるなら見つけにいこうじゃないか、
ないならあっさり忘れよう。

最悪の事態を受け入れてしまえば、失うものはもう何もない。つまり、どう転んでも儲けものというわけだ。

デール・カーネギー

悩みを「損切り」する

株式売買のプロであるトレーダーは、損失を最小限にするテクニックを使っている。たとえばある株を一株五〇ドルで買ったとすると、それに対して、たとえば四五ドルでストップ・ロス・オーダー（損切り注文）というものを出しておく。つまりその株が五ドル下がったら自動的に売却され、一株につき五ドルまでしか損はしない計算になる。

この方式を心配事に応用してみよう。一つの方法は、問題に制限時間をもうけることだ。

キャロラインはよその部との合併のうわさを耳にして以来、もしそれが実現したら自分はきっと職を失うと考えて、今日こそその通知をもらうのではないかと毎朝ビクビクしながら会社に来ていた。ところが、その悩みを同僚に打ち明けると、こんな答えが返ってきた。「ぼくだって合併のことは心配だったよ。でもそのうわさを聞いたとき、もしそれが本当なら二週間以内にそうなるだろうと考えた。だからこの問題にストップ・ロス・オーダーを出しておいて、何事もなく二週間経った時点で心配するのをやめたのさ」

デール・カーネギーは悩みを抱えたら、自分につぎのような質問をすることを勧めている。

◆この悩みは私にとって、本当にそれほど重要な問題だろうか？
◆この悩みに対して「ストップ・ロス・オーダー」をどの時点に設定し、あとは忘れるべきか？
◆この問題は正確なところ、どれだけ悩む価値のあることだろう？　私はすでにその価値に見合わないほど悩んでいるのではないか？

「これもまた過ぎ行く」

この世であてになることの一つは、どんな悩みであれ、それに永遠に悩まされることはないということだ。どの国、どの文化にもそれを教える寓話があるが、最もよく語られるのがソロモン王の話だ。

ソロモン王はいつも悩んでいた。富にも権力にも、その誉れ高い知恵にもかかわらず、悩みがなくなることは決してなかった。彼は廷臣にこう語った。「私の心は永遠に晴れるまい。たとえ満足しても、その満足が長続きしないことをすでに恐れているほどだから」。王は特使に命じ、自分を救ってくれる金言を探させた。いつの時代にも、どんな状況にも通用するものを探し出してくるようにと。

王の特使はそんな魔法の言葉を求めて国中をくまなく旅してまわり、ある日、一人の老人に出会う。その老人は長年にわたり、求めたすべての人にすぐれた助言をしてきたことで知られる人物だった。老人は特使にこう告げた。「この指輪を王におあげなさい。王の求める言葉が刻まれている。悩みや不安を抱えたときは、ここに刻まれた言葉をくり返し読まれるがいい」

特使が王に指輪を差し出すと、王は刻まれた言葉を読んだ。「これもまた過ぎ行く」。そして指輪をはめてこう言った。「なんという賢い言葉だろう！　奢れる者にはこれほど厳しい戒めとなり、苦しむ者にはこれほど深い慰めとなる言葉がまたとあろうか！」。このときから王の悲しみは喜びへと変わり、喜びは悲しみへと変わって、やがてどちらも平穏な心に溶け込んでいった。

セルフトークで悩みを乗り越える

私たちは絶えず自分に話しかけている。脳内の小さな声が、何を考えるか、どう行動し反応するか、自分をどう評価するかを絶えずヒソヒソと指示しつづけている。悩むときは、その内なる声が悩むという仕事に集中するために、悩みが軽減されるどころかより深刻化する。

この状態から抜け出す方法の一つは、自分に「檄《げき》を飛ばして」内なる声を支配することだ。フットボールのコーチは前半戦の終了時、チームが劣勢と見るや、選手を集めて檄を飛ばす。「大丈夫、思い出せ！　おまえたちならきっとやれる！　ここで点を取るんだ！　必ず勝てる！」。悩みはじめたらこのやり方を見習うといい。自分に檄を飛ばす「セルフトーク」は、うまくやれば悩みを追い払って、代わりに前向きな思考で頭を満たし、問題解決を助けてくれる。

効果的なセルフトークをつくるには、まず自分の長所や特性や、手柄、業績をすべて数え上げて「財産目録」をつくることだ。悩みを撃退するには自分を受け入れること、そして評価できることが肝心なのだ。

◈自分を受け入れる

自分を受け入れるには、真の自己が受け入れられて、自分の肯定的な面、すなわち素質や長所など自分という人間を構成するすぐれた特質に目がいくことが必要だ。自己イメージのそういう肯定的側面に注目できると、自信も自己評価も向上する。自分の短所にしか目がいかない人があまりに多い。肯定的な自己像に自分の目を向けてやり、ひいては他人の目も向けさせる。それが悩みを乗り越える第一歩だ。

◆自分を評価する

自己評価を高めるカギは、これまでの成功や業績に注目すること、そしてそういう素晴らしいことをなし遂げた自分を見直すことだ。これまでに手にした数々の成功をじっくりと思い返せば、見方が変わり、自信がわく。

この二つを合わせれば、れっきとした裏づけのある強力な激励の言葉、セルフトークができる。それは自分を信じつづけるには、誰もがときどきはしなければならない内なる討論だ。あるいは思考という、つねに自らが最高の支配者たりうる唯一のものに対して、支配力を取り戻す道具でもある。

最大の悩みはお金の悩み

最大の悩みのタネは何かという質問をすると、必ず上位に入るのがお金にまつわるものだ。クレジットカードや自動車ローン、住宅ローン、あるいは個人的な借金の返済が滞りなくできるかどうかが心配だという人は大勢いるし、家賃や医療費の支払いにときどき困るという人も、日々の必需品を買うのすら大変だという人もいる。

こうした悩みは世の中の経済が悪化して、レイオフ(一時解雇)が増えたり労働時間が短縮されたりすると、ますます深刻になる。しかし悩むだけでは何の解決にもならない。なかには借金がかさんでにっちもさっちもいかなくなり、破産といった荒療治しか抜け出す道はなくなるような人もいるが、たいていの人は、そんなことにだけはなりたくないと奮闘している。

つぎにあげるのは、資産管理の専門家に聞いた「賢くお金を使う一〇の方法」だ。借金で首が回らなくなる前に、ぜひ役立ててほしい。

1◆支出パターンを分析する

お金はどこへ消えていくのか? まずは固定的な支出(家賃、住宅ローンの返済、自動車ローンの返済、電気・ガス・水道の料金など)のリストをつくる。これに変動的な支出(食費、クリーニング代、衣服代、日用雑貨代など)をくわえる。これらを現金で支払ったのかクレジットカードを使ったのかもメモしておく。この作業を二~三カ月続ければ、お金がどこへ消えていくのか、だいたいのところがわかる。

2◆予算を立てる

「予算」と聞くとぞっとするという人もいる。予算を立てると、それを守るのに大変で、悩みが増えるだけだというのだ。予算とはおおよその目安であり、支出をある線にとどめるのに役立つものだ。うまく立てれば、収入の範囲内で暮らせるようになるし、ふだんどこでお金を使いすぎているかがわかって必要な調整がしやすくなる。衣服代がすでに予算を超えたというときは、新しいドレスやスーツを買うのはしばらく控えて、つぎの月にすればいい。また大して不自由も感じずに支出を減らせるところもわかるだろう。たとえば外食の回数を減らすとか、テレビで宣伝しているような高いメーカー品の代わりに割安のプライベートブランド品を買うとか。

3◆クレジットカードを賢く使う

クレジットカードはとても便利だが、現金がなくても買い物ができるので、支払い能力を超えたものまでつい買ってしまうことになる。クレジットカードは小切手帳と同じように使うべきだ。お金がないなら、あるいは支払い期日までにお金が入る予定がないなら使ってはいけない。もちろん絶対に必要なものがあるときや、即金では高くて買えないけれど、長期にわたって分割払いをするだけの価値があるというときにはクレジットカードが有効だ。

クレジットカードの代わりにデビットカードを使うといい。機能は小切手帳と同じで、支払いはすべて預金口座から即時的に引き落とされる。クレジットカードと同じように使えて現金をもち歩く必要がないし、借金を背負うこともない。

4◆分割払いをできるだけ減らす

クレジットカードの利子は、べらぼうに高いことを忘れてはいけない。毎月要求される最低額《ミニマムペイメント》しか返済しないと、利子が積み上がって途方もない額になる仕組みだ。予算を組んで、できるだけ頭金を増やすなどして現金払いを心がけ、未払い分を増やさないようにする。

5◆いざというときのために貸付けを受ける道を確保しておく

人生には緊急にお金が必要になることがある。そんなときに金融機関の融資が利用できると大いに助かる。融資を申し込むと、金融機関はいろいろな信用格付け機関を通して借り手の信用度を調査する。もしも過去に支払い延滞などのマイナス要素がいくつもあると、信用度が下がり、融資が受けられなくなる。これが支払い期日を守らなければならない大事な理由の一つでもある。

また貸付け機関は、融資に担保を求めることが多い。通常、有価証券や保険証書、土地、家屋などの有形資産が担保になる。持ち家のある人は、優良な担保をもっていることになる。ホーム・エクイティ・ローンと呼ばれる不動産担保ローンがあって、持ち家の評価額から住宅ローンなどの残高を差し引いた残りの額にもとづいて融資が受けられる。たとえいまのところは融資を受ける必要がなくても、いざというとき、すみやかに貸付けを受ける手段があるのは大事なことだ。

6◆保険に入って災難に備える

保険に入っていれば、さまざまな事故や不測の事態のためにかかった費用が支払われる。火事、盗難、自動車事故をはじめいろいろな災難のための保険がある。アメリカでは、勤務先の会社に従業員のための健康保険制度がない場合や、メディケアのような政府の医療保険制度に加入できないときは、個人健康保険に加入する。

7◆まず「自分」に支払う

給料をもらったら、一定額をまず貯金する。そのためには生活費をよく調べて、毎月どれくらい貯金にまわせるかを決めなければならない。もしも勤務先に、給与の一部を天引きで特定の口座に入れると、会社が同額をその口座に加算振込みしてくれるという制度があれば、それを利用するといい。これは蓄えをつくる理想的な方法だ。そういう制度がない場合は、自分で貯蓄計画を立てて将来に備えなければならない。毎月の蓄えは銀行預金にするか、安全な有価証券にする。

8◆投資には保守的になる

蓄えを株に投資するというのはとても誘惑的だ。預金にしておくより短期間にずっと大きな利益が上がるように見える。たしかにそういう場合もあるが、損をする可能性も大きい。人生のかかった蓄えを危険にさらしてはいけない。投資戦略は経験豊かなファイナンシャルアドバイザーに相談し、指導を受けるのが望ましい。

9◆幸運をあてにしない

サンドラは貯金というものをしたことがなかった。給料はすべて使い切り、クレジットカードも限度いっぱいまで使う。そのことを友人に注意されると、こう答えた。「あたしをかわいがってくれる金持ちの伯父さんがいるの。もう八〇歳だから、遺産が転がり込むのもそう先のことではないわ」。しかしサンドラは破産宣告をするはめになる。伯父さんが全財産を慈善事業に寄付したからだ。

セシルはそのうち宝くじに当たると信じている。貯金はしたことがなく、代わりに毎月二〇〜三〇枚の宝くじを買う。もちろん当選の可能性は限りなく小さい。もし毎月その二〇ドルか三〇ドルを健全な投資にまわしていたら、将来のためにどれほど心強い蓄えができるだろう。

10◆他人と暮らしぶりを張り合ったりしない

セレブが乗っているような高級車やブランド物をむりして買い、経済的に行き詰まる人が大勢いる。他人のまねをして、収入に見合わないお金の使い方をしてはならない。

去年のいまごろ、何を悩んでいたか思い出してみよう。で、その結末は？

その問題のために、あなたは多大なエネルギーをむだにしたのでは？
問題の大部分は結局のところ、悩むほどのことではなかったのではないか？

デール・カーネギー

祈りの力

祈ることはときに悩みの強力な解毒剤になる。信仰は思考法の一つである。求める者に答えを出すのは「創造の力」や「唯一絶対の力」への信念だ。

現代の最もすぐれた心理学者の一人であるカール・ユングは、このことをくり返し述べている。「この三〇年のあいだに地上のあらゆる文明国の人々から相談を受け、数知れない患者を治療した。だが三五歳以上の患者で、結局のところ宗教的な人生観を見出せるかどうかが決め手でなかった人間は一人もいなかった。これまでのどの時代にも宗教から与えられてきたものを失ったせいで、彼らの誰もが病んでいたといってもいい。宗教的な人生観を取り戻すことができなかった患者は、決して真に癒されることがなかった」

アメリカの心理学のパイオニアであるウィリアム・ジェームズはこう書いた。「信仰は、人間が生きていくのを支える力の一つである。それが皆無であることは崩壊を意味する」

三〇代の半ばで末期のがんと診断されたジリアンは、この信仰の力を証明する一人である。彼女は同業者の誰もが勝算なしと考えた裁判で、何度も逆転勝利をおさめた有能な弁護士だった。がんの診断を受けたときには、こう考えた。裁判で大方の予測を覆せたのだから、病気についてもきっと覆せる――。

神を深く信じていたジリアンは、祈りに助けを求めた。「末期のがんで多くの人が死ぬのはもちろん承知しています。でも私はあきらめません。神が私を地上にお送りくださったのは役目を果たすためだと信じています。ですから私には死ぬまえにやるべきことが、まだたくさんあるのです」。そして病気のことを心配するかわりに、毎朝目覚めたときと毎晩眠りにつくまえに、必ず神に祈りを捧げた。数カ月後、医師のもとを訪れて検査を受けたジリアンは、がんが退縮し、寛解《かんかい》に至ったことを告げられる。その後、仕事へも復帰を果たし、いまも活躍を続けている。

「天は自ら助くる者を助く」と言われる。深い祈りがあれば、私たちは自分自身を救う者となる。人は自分の祈りに自分で応えることができるのだ。何であれ心に深く刻みつけることは、形となり、働きとなり、経験となり、出来事となって私たちの前に現われる。

私たちが心の底から信じていることは、現実となるのである。もし自分は失敗すると信じていたら、たとえ努力しても失敗するだろう。私たちは善良かもしれない。貧しい者に優しく、病院を訪ね、慈善事業に寄付し、他人を助けるかもしれない。しかし本当にものを言うのは心で深く信じていることであって、理屈で同意していることではない。

問題を抱えると、たいていの人はその問題に目を奪われて、それについて議論し、語り、問題をより大きくしてしまう。そしてそれに飲み込まれてしまう。そうなってはならない。目を転じることだ。問題ではなく、その解決に集中する。解決に焦点を合わせれば、信念が答えを出してくれるだろう。

私たちに幸福や成功や平穏をもたらすものは、自らの心の原理の勝利をおいて他にない。心の原理といっても、それが宗教的な教義や教理である必要はない。とくに宗教や信仰はもたなくても、悩みや恐れの克服を助けてくれるような導きの存在を信じている人も大勢いる。

たとえ組織的な宗教の信者でなくても、私たちは自らの内部にある無限大の精神や存在やパワーから力を受け取ることができる。だから、世の中の不完全なもののことは何も考えないことだ。他人の欠点や怠慢のことばかり考えている人は、自分の心や身体や懐具合にまで、同じようなものを生み出してしまう。他人を妬めば、自分を卑しめることになる。つまり相手を一段高いところに置いて、その相手に自分を悩ませる力があることを認めているのだ。

たとえ私たちが生まれつき、または教育の結果として宗教的な人間でなくても、たとえ根っからの無神論者だとしても、祈りは助けてくれる。祈るときには、何に悩まされているかが言葉にされる。それは問題を紙に書き記すのと同じなのだ。問題解決に助けを求めるときには、まずそれを言葉にしてみるといい。

祈れば、重荷を共有してもらえたような、自分が独りぼっちではないような気持ちになる。一人で重荷に耐えられるほど強い人はあまりいない。悩みを人に話すことは、癒しの過程に踏み出すのに最も効果的な方法なのだ。ときには悩みが親友や家族にも相談できないような性質のもののこともある。誰にも言えないことでも、祈りのなかでならきっと言える。

そして祈りは、行動することの強力な原動力となる。祈りは行動への第一歩だ。祈りは、人間が発生させられる最も強力なエネルギーだと言われる。悩みが人生に立ちはだかるときは、このことをいつも頭に置いてほしい。

まとめ

◆悩みを抱えると、その問題が現実のことであれ想像上のものであれ、元気を奪われ、エネルギーが浪費され、問題を現実的に処理する能力が低下する。
◆ささいなことに悩んで、心の平和を台無しにしてはいけない。
◆悩んでいてもはじまらない。問題の解決につながる行動を取ることだ。
◆避けられないこととは共存する。自分の力では状況を変えられないことがわかったら、それを受け入れて、それとともに生きる覚悟をする。
◆悩みを「損切り」する。すなわち、どれだけ心を悩ます価値のあることかを判断し、それ以上は悩むのをきっぱりとやめる。
◆悩みが人生に立ちはだかるときは、ソロモン王の指輪に刻まれた言葉「これもまた過ぎ行く」を思い出す。
◆旗色が悪いときは、自分で自分のコーチになり、セルフトークで元気を取り戻す。
◆お金の悩みを減らすには、まず収入と支出の管理にしっかりと取り組む。
◆祈りなさい。信仰をもつことは、悩みと向き合い、打ち勝つ強さをもつことだ。

第3章 職場の悩みを克服する

たいていの人は個人的な悩みの他に職場関連の悩みを抱えている。上司のこと、人事考課のこと、ノルマが達成できるかどうか、ときには解雇やレイオフの心配もしなければならない。この章ではそういう悩みをどうやって解消するか、少なくともどうやって軽減するかを考えたい。

職場で最も悩むのは何かという質問をすると、よくあがるのはつぎのような事柄だ。

◆失職
◆異動などで仕事の内容が変わること
◆仕事が多すぎてこなせない
◆タイムプレッシャー（時間に追われる）

◆締め切り
◆何を期待されているのかわからない
◆どんどん大きな期待をかけられる
◆上司との人間関係
◆同僚との人間関係
◆個人間の対立
◆教育訓練の不足
◆テクノロジーの進歩についていけない
◆出世や昇進の見込みがない

他人を責める前に自分を見つめよ

ジャックは親友のフィルに愚痴を言った。職場にいるのが嫌になった。上司は無理な要求をするし、同僚は手伝ってくれない。頼れる人が誰もいない……。「もうお手上げだよ。辞めてやりたいけど、いまは仕事を見つけるのが難しいし。どうしたらいいんだろう」

フィルはこう答えた。「ジャック、きみは前の会社にいたときも同じことを言っていたよ。問題はたぶん上司や同僚じゃなくて、きみ自身じゃないかな」。そしてこう続けた。「他人を責める前に、自分自身をじっくり見つめるべきだと思う。自分のやり方の何かがそういう問題を呼び起こしているかもしれないよ」。そしてフィルは、ベンジャミン・フランクリンが問題の原因となっているものにどう対処したかを話した。

フランクリンは毎晩仕事を終えると、その日にしたことやしなかったことを思い出し、失敗の原因は何だったのかを検討した。そして自分に大きな欠点が一三あることを発見する。そのなかでもつぎの三つは深刻だった。時間をむだにすること、ささいなことにくよくよすること、そして人をやりこめたがること。そういう悪い癖を改めないかぎり、大した人物にはなれないと考えた。そこでそれらの癖を一つずつ選び、その一つが完全に克服できるまで何日でも、何週間でも改善に取り組んだ。記録をつけ、その日は何をしたか、その結果どうなったかを書き記した。一三の欠点をすべて克服するには二年かかったが、彼がどれほど素晴らしい人物になったかは世界中の誰もが知るとおりだ。

自らの仕事ぶりや人間性が批判を浴びるのを待っていないで、先手を打とうではないか。自分で自分のとびきり厳しい批判者になるといい。あらゆる弱点を見つけて改善しよう。敵に一言も言わせないように。

科学者は、実験の結果や新発見を発表するまえに、何度も何度も確認する。念入りに調べ直し、何度やっても同じ結果が出ることを確かめる。彼らの仕事の完璧さも、この自ら評価する姿勢のたまものなのだ。

ジャックは少しでも批判されると過剰に反応し、ひどく落ち込んだり、逆に相手に食ってかかったりする。彼の場合、批判は侮辱ではなく、進歩を助けてもらうことだと考えられるようになる必要があるだろう。

批判を歓迎する

ウォルト・ホイットマンはこう言った。「あなたは、ほめてくれる人や、やさしく接してくれる人、かたわらで見守ってくれる人から学んだだけなのではないか。あなたを拒絶したりじゃましたりした人や、あなたと言い争った人からの貴重な教えは、学んだことがないのではないか」

ある決断がまちがっていたことがあとになってわかることがある。しかし過ちを指摘されても、意地を張って批判に耳を貸さず、自分のやり方を変えない人は多い。自分のまちがいを認めて必要な修正をするのは勇気のいることなのだ。

そういう勇気ある経営者の一人が、本シリーズの第一巻『D・カーネギーの対人力』でも紹介したコカコーラ社のCEO（最高経営責任者）ロベルト・ゴイズエタだ。コカコーラが長年の調合を変えて「ニューコーク」を売り出したのは、市場調査に何カ月もかけ、試験を重ねたうえでのことだった。膨大な労力と資力の注ぎ込まれた新商品だったが、大衆には受け入れられなかった。そのときゴイズエタは自分に都合のいい説明をつけることもできただろう。市場調査はまちがっていない、ただ消費者が新しい味に慣れるのに時間がかかるだけなのだと。統計や分析や「科学的」な研究をしめして決断を正当化してもよかった。だが彼はそうはしなかった。直ちに従来の味を復活させ、新しい名前をつけて発売した。それが「クラシックコーク」だ。彼の判断によって、大損を出していたかもしれない事態が一転、大成功に変わる。

たいていの人は批判を歓迎しないし、苦労して決めたことを変えたがらない。そのうち風向きが変わることに望みをかけるだろう。批判されるとたちまち防衛的になって、相手の言葉に耳を貸さない人も多い。批判されると誰でも恨みがましい気持ちになり、ほめられれば喜んでうのみにする――その批判やほめ言葉が正当であろうがなかろうが。人は論理の生き物ではない。感情の生き物だ。

誰かに悪く言われたのがわかっても、自分を弁護するのはやめておこう。その新しい見解に広い心で謙虚に耳を傾けることだ。そして「私の失敗をすべて知っていたら、そんな手ぬるい批判ではすまないでしょう」と言って批判者をへこませ、ついでに拍手ももらうといい。

デール・カーネギーは批判されても悩まずにすむ方法をつぎのようにまとめている。

1◈不当な批判は、ほめ言葉の裏返しのことがある。それは嫉妬され、羨まれているということだ。死んだ犬を蹴飛ばす者はいないということをおぼえておこう。

2◈最善を尽くす。そのあとはいつもの傘をさして、非難の雨が首筋から流れ込むのを防げばいい。

3◆日ごろから自分の愚行の記録をつけておき、自己批判する。私たちはとうてい完璧にはなれないのだ。だから偏見のない、役立つ、建設的な批判は歓迎しようではないか。

人事考課に備える

多くの勤め人にとって職場でいちばん気になることは、年に一度か半期に一度の人事考課だろう。エレナも気をもんでいる一人で、上司と面談することを思うと怖くて逃げ出したくなる。まるで校長室に呼ばれた小学生の気分。緊張と心配でじっとしていられないほどだ。

たいていの人は、たとえ自分ではよくがんばったと思っていても、このエレナのような反応を起こすだろう。多くのことがかかっている場に臨むのに恐怖心をもつのは当然だ。人事考課には、来期の昇給がいくらかといった直近の未来のことから、上司に将来性をどう値踏みされているかといった遠い未来にかかわることまで、さまざまなことが含まれている。それに自分ではどれほどよくやったと思っていても、上司は必ず何かネガティブなことを言う。不愉快な知らせをもらうのが好きな人間はいない。

人の言うことなんか気にしないで、

みんなが感心するようなことをなし遂げることに全力をあげてごらんなさい。
デール・カーネギー

自分をふり返る

エレナはキャリアアドバイザーの提案で、十分に準備して人事考課に臨むことにした。まずは考課に使われる書式を入手する。そして日ごろの自分をふり返りながら、上司がやるのと同様に、項目に従って自分の仕事ぶりを評価していく。そうすれば面談に臨んだときに、各項目について上司から何を言われるか、何をたずねられるか予測がつくし、自分の言いたいことも用意しておける。

「お手柄リスト」をつくる

エレナの会社では一種の得点表が使われており、項目ごとに上司が評価点をつけ、批評も書き入れる。エレナはまず自分で評価点をつけてみて、上司が異なる評価をしたときに話し合う準備をした。上司の評価がフェアでないと思ったときのために、この一年の主だった業績のリストもつくった。自分がたずさわった仕事のなかで、チームが成績を上げるのに役立ったものをすべて拾い上げたものだ。たとえば彼女のいくつかの提案によって、ある業務の流れがぐんとスピードアップしたし、彼女の時間外労働のおかげでチームがとびきり厳しい締め切りを守れたこともある。また、ある新入社員のメンターとなって、その新人を特訓し、短期間に優秀な戦力に育て上げた。他にも、ある業務の割り当てを人よりずっと多くこなしていることや、自分が推薦した新しい丁合機で書類の発送が大幅に時間短縮できたこと、またこの一年間、無遅刻無欠勤を通したこともリストに含めた。

◈◆◈欠点について考える

完璧な人間はいない。誰でも一年のあいだにはいくつか失敗するし、力不足を自覚している領域もあるはずだ。面談のさい、上司はおそらくそういう話をもち出すだろう。だからそういう点についても前もってよく考えて、言い訳を見つけておくのではなく、どうやって克服するつもりかを話せるようにしておくことだ。

エレナは何カ月か前、指示を誤解したために、ある仕事を最初からやり直すはめになり、上司にひどく叱られたことを思い出した。そのときは、悪いのは自分ではないと思って猛烈に腹が立った。上司の指示が明確でなかったからだ。たしかにそれもあったが、いま考えれば、あいまいな点を確かめなかった自分にも責任の一端はある――。彼女はそう考えて、面談でこのことがもち出されたときの準備をした。上司に責任を押し付けるのではなく、今後は仕事の指示を受けたら、その内容を慎重に確認していきたいと話すつもりだ。

もう一つ気がかりだったのは、上司がＩＴにとても熱心なことだ。彼はある作業をＩＴ化すれば、問題がすべて解決すると考えていた。いまのエレナにはそこまで複雑なプログラムを使いこなすだけの知識がない。だが彼はきっと面談でこの問題をもち出すだろう。そこで彼女は、その方面のことを学ぶために現在受講している講座について報告する用意をした。

◈◆◈面談の場で注意すること

面談が上司との話し合いの場であることをおぼえておこう。上司から「あれはよくやった」「これはダメだった」と一方的に言い渡されるのではなく、考えを伝え合う場であるべきだ。もちろん私たちは話す側より聴く側になることがずっと多いだろう。だが私たちが何を話すか、どう話すかはとても重要だ。

まずは注意深く聴く。上司の話をさえぎってはいけない。ただし不確かなところは質問して確かめる。何を言われたのかはっきりしなかったら、自分の言葉でその内容を言い換え、「……という意味ですか？」とたずねるか、あるいは具体的な質問をする。

この時点で異議を唱えたり反論するのは絶対にいけない。こちらが話すのは、上司の話がすっかりすんでからだ。

話すときは建設的になる。もちろん上司の評価にまったく異存がなければ感謝の言葉を述べるだけでいいが、そうでないなら、いまこそ反論するときだ。入念に準備した「お手柄リスト」があって、自分の欠点も認識しているなら、反論によって点数を上げることは難しくない。まずは上司にこの一年間お世話になったお礼を述べ、本題に入る。「おっしゃることはよくわかります。率直に話してくださってありがとうございます。ところで私には多少誇らしく思っている仕事がいくつかあります。そのときはほめていただきましたが、今回の考慮の対象にはなっていないかもしれません。それは……」と言って、「お手柄」を順次あげていく。

欠点が指摘されても言い訳はしない。代わりに、それらの克服をめざしていまどんな努力をしているかを報告し、最終的な評価が下される前にこうした事柄を考慮に入れていただければありがたいと述べる。

◆◆◆目標設定について

会社によっては目標設定を人事考課の重要部分に位置づけている。前年の考課で今年度の目標が設定されていたら、どこまで達成されたかを話し合う。もし一年のあいだに目標が変わっていたら、事情を説明する。そして来年度の目標について相談する。これは生産性の向上や新企画の開発といった業務上の具体的な目標のこともあるし、語学やコンピュータプログラミングの習得、大学の学位の取得といった仕事に関連した個人的な目標のこともあるだろう。

それらが価値ある目標だということに上司の同意を得る。そして達成を誓う。場合によっては達成のための支援を上司に求めてもいい。従業員が日常業務を超えた目標を設定し、達成に向かって努力することを多くの会社が奨励している。これは仕事の質の向上や、組織内での昇進にもつながる。

エレナはコンピュータの利用についてもっと学びたいと思っていることをもう一度述べ、会社の授業料還付制度が利用できるならとてもありがたいと言いそえた。

人事考課を恐れてはいけない。これは自分のためになる、努力のしがいのある経験だ。十分に準備し、職業意識に満ちた建設的な態度で面談に臨むなら、さらに大きい利益をもたらす機会になるはずだ。

職場での疲労・心労を予防する

肉体労働が求められる職場では、身体が疲労を教えてくれる。そうなったら休憩を取り、身体が休まったら仕事に戻ればいい。だが昨今、体力を消耗するような職場は多くない。求められるのはもっぱら頭脳労働だ。身体は疲労の信号を出さなくなった。代わりに思考速度が落ち、仕事の出来が悪くなる。私たちに必要なのは、これを未然に防ぐ方法だ。いくつか提案しておこう。

◈疲れないうちに休む

アグネスはとにかく部下に働け働けと圧力をかけるタイプの管理職で、彼女の目には午前中の一五分のコーヒーブレークも、一時間のランチタイムも、午後の一〇分間の休憩も時間のむだに見えてしかたがなかった。そこであるとき、コーヒーブレークとランチタイムの短縮、午後の休憩は廃止という強行策に出た。その結果どうなったか？ 生産性はがた落ち。無残なものだった。休憩時間は実際に働く人々の活力を回復させ、高い生産力を支えていたのである。

◈仕事をしながらリラックスする方法を身につける

世の中には一瞬たりとも気を抜くことが許されない職場がある。航空管制官などもそんな例で、飛行機が空港を出入りするのを誘導しているあいだは全神経を張り詰めていなければならない。だから彼らは頻繁に休憩を取ることを義務づけられている。しかしたいていの職場では、仕事中でもときどきちょっと手を止めて、息抜きしたり緊張を緩めたりすることができる。筋肉をほぐす体操やデスクについたままでの瞑想を一～二分間行なうと、そのあと仕事の能率が上がり、精神的な疲れもやわらぐ。

つぎに「職場での疲労・心労を予防する四つのすぐれた習慣」を紹介する。

1◈デスクの書類を片付ける

マックスのデスクを目にした経営コンサルタントは、あきれて言葉が出なかった。このありさまで、どうやって仕事をこなしているのだろう？　デスクの上から周囲の床まで、書類やファイルで埋め尽くされている。マックスが慢性的な仕事の遅れに悩み、期日に間に合うかどうかが心配で夜も眠れないと嘆くのも当然だった。

コンサルタントはマックスに、週末にオフィスを片付けることを提案し、彼といっしょにデスクや床に積まれたあらゆるものを点検して、すべての書類を四通りに分類した。対応が必要なもの、人にまわすもの、ファイルするもの、そして捨てるもの。この作業には数時間かかったが、終わったときにはデスクも床もすっかりきれいになっていた。

2◆仕事に優先順位をつける

つぎのステップは、このやり方をマックスの日々の行動に浸透させることだ。その日を境にマックスは、目下の仕事に必要な書類以外はいっさいデスクの上に置かなくなった。最初に一読したときに四つに分類するという方法で、日々到来する書類に優先順位をつけることを学んだからだ。

一九〇〇年代初頭のこと、経営コンサルタントの草分けだったアイヴィー・リーは、当時USスティールの社長だったチャールズ・シュワッブのもとを訪れ、あなたの会社をもっと儲かる会社にしてあげられると告げた。そんな話を信じるわけにはいかないとシュワッブが答えると、リーはこう言った。「今日は一つだけアドバイスをしますから、ひと月実行してください。ひと月後にまた来ます。このアドバイスの値打ちはこれだけとお考えになる額だけ支払ってくだされば結構です。何の値打ちもないと思われたら、もちろん何もいただきません」

シュワッブはこの大胆な申し出を受け入れ、リーのアドバイスを実行した。つぎに二人が会ったとき、シュワッブは二万五〇〇〇ドルの小切手をリーに手渡しながらこう言った。「これほどいいアドバイスはいままでもらったことがない。とてもためになったから、社の管理職全員に実行させることにしたよ」

そのアドバイスとは何か？　それは「優先順位をつける」ことだ。

優先順位をつけるには、すなわち何を先にするかを決めるには、その仕事が目標達成にとってどれだけ大事かを判断する必要がある。いま抱えている仕事をどうやって片付けていくかは、優先順位が教えてくれるのだ。

毎朝出社したときに（または毎夕退社する前に）、その日（または翌日）やり遂げたいことをすべて書き出して優先順位をつける。最初の項目に着手したら、できることをすべてやり終えるまでつぎの項目に移ってはいけない。もちろん中断を余儀なくされるだろう。じゃまの入らない仕事はない。そのときは、その割り込んだ仕事をとりあえず処理してから、もとの仕事に戻ればいい。大事なことは、何が割り込もうとも、いま自分がしているのは何かを忘れないことだ。

おそらくリストにあげたすべてのことがその日のうちに片付くことはない。だが重要な仕事はすんでいる。残った仕事を拾い出し、その後発生した新しい仕事をくわえて、翌日のために新しい優先順位表をつくる。ひと月経ったときに、ずっと前からリストに残っている項目があるのに気づくかもしれない。それは、それらがやらなくてもいい仕事だというしるしだ。

3◆問題はなるべくその場で解決する

問題が起きたとき、判断に必要な事実が手もとにあれば、その場で直ちに解決する。いくら議論してもらちが明かず、問題が未解決のままつぎへもち越されるような会議は、時間のむだでしかない。会議を開くなら、そこで議論される問題について参加者全員が必要な情報をすべてもっているようにしなければならない。事実にもとづいて議論し、結論が出てからつぎの問題に移る。もちろん最良の解決に至るには情報が不足だという場合もあるが、準備が適切なら、そうした事態はほとんど起きない。

4◆任せることを学ぶ

一人で何もかもやることはできない。すぐれた管理職は、仕事に精通し意思決定の能力のある部下たちでチームをつくる。部下を信頼し、いちいち指示しなくても彼らが職務を果たせるように、決定の権限も与えておく。

疲労の原因は労働ではなく、往々にして心配や落胆や怒りといったものだ。

デール・カーネギー

職場内の対立はなぜ起きるか

多くの人が抱える職場の悩みの一つは、同僚とうまくいかないことだ。対立を生産的なかたちで解消するスキルは、難しいが学びがいのあるものとして、よく取り上げられる。

職場内の対立のほとんどは、つぎの要因のどれか、またはいくつかと結びついている。頭文字を取れば「P・R・I・D・E（プライド）」となる。

Process（手続き）——組織内でふだん仕事がどんな流れで処理されていくか。

Role（役割）——誰がどんな仕事をするか。

Interpersonal（人間関係）——組織内の多様な人間どうしの相性やつき合い方。

Direction（指示）——SOP（標準作業手順書）を含めた指示のあり方。

External（外部的要因）——時間や資金など、組織に大きな影響を与える外部の事情。

これらの要因を一つずつ見ていこう。

◆手続き

どの組織にも、対人関係にそれなりのしきたりがある。会社では多くの場合、同じチームやグループのメンバーどうしは気楽につき合うが、他のグループや他の部の人間と交渉するときは、公式の伝達経路を通すとか、いわゆるすじを通すといったより構造的なかたちを取ることになる。同じチームのメンバーどうしで対立が起きたときは、そのチームの監督者が解決しなければならない。他のグループのメンバーと対立が生じた場合は、もっと複雑な解決のしかたが必要になる。

◆役割

他人に割り振られるべき仕事が自分にまわってきたとか、やりたかったプロジェクトが他人に行ってしまったといった状況も多くの対立を発生させる。こうした対立を避けるには明瞭な職務記述書《ジョブディスクリプション》を作成し、従業員の十分な理解をはかることだ。職務記述書はポジションごとに作成し、具体的な職務内容の他に、その職務の目的や、担当者の責任や権限、期待される成果なども記して、組織における一人ひとりの役割を明確にするものでなければならない。

◆人間関係

組織やチームは、それぞれ独特の性格や才能、癖、仕事の流儀などをもった個人の集まりだ。したがって仕事のやり方で意見が合わないことも当然多いが、さらに深刻なのは個人的な反目が生じることだ。気苦労のタネになるのは、たとえばこういう状況だ。チームメートのスージーとエイミーはしょっちゅう衝突する。スージーは周囲を自分の思いどおりに動かしたがるタイプで、自分はつねに正しいと思っており、エイミーはそんなスージーに我慢がならない。二人のあいだには仕事のことだけでなく、個人的なことでも口論が絶えなかった。スージーはそういう環境で働くほうがむしろ張り合いがあるようだったが、エイミーのほうは心労から眠れなくなり、出勤するのも嫌になって、健康を損ないはじめた。チームリーダーのコニーは、この状況を放ってはおけないと考え、人事部に相談してエイミーを他のチームへ異動させることにした。そして彼女の代わりにもっと強い性格の、スージーとも対等に渡り合えるような女性をチームに呼んだ。

◈指示

大きな組織には、たいてい日常的な業務の処理方法を明記したマニュアルがある。標準作業手順書（ＳＯＰ）と呼ばれるもので、その部署の従業員も監督者もそれに従うことで、日々の業務について決定や再決定を下す必要がなくなる。こうした指示が明瞭で理解しやすければ、多くの対立を避けることができる。管理職の義務は、部下を確実にＳＯＰに従わせることと、ＳＯＰに記されていないような事態が発生したときに、それに対処することである。

◆**外部的要因**

組織は、外の世界から切り離されて機能することはできない。どれほどすぐれた組織でも、外部的な事情から内部的対立が起きて、解決が必要になることがある。対立を招きがちな外部的要因には、たとえばテクノロジーの大きな変化や、景気の低迷、労働争議、新しい法律や会社経営に影響する政策などがある。

対立を解決する

同僚とのあいだに摩擦や対立が生じることはめずらしくない。解決への心得をいくつかあげておく。

◆相手の立場でものを見る。相手にはこの状況がどう見えるのだろう？　こちらの見方とどう違うのだろう？

◆「あなたは…」でなく、「私は…」「私たちは…」という言い方で話をする。

◆価値観に違いがあるときは、必ず道徳的にすぐれているほうに従う。

◆うそやごまかしのない真剣な気持ちで取り組む。

◆その要因に対して自分はどれだけ支配力をもっているか、何をどう変えられるかを自問する。
◆犠牲を払ってもその価値があると判断したときは、闘うことを選ぶ。
◆「できない」ことを嘆かず、「できる」ことに全力を注ぐ。
◆何か相手のためになることをする。
◆全体像と目的を見失わない。
◆信頼する人に相談する。

管理職には、職場内に対立が起きたときに、それを解決するという役目がある。解決への手順を提案しておこう。


1◆この件に対して自分はどれだけ支配力をもっているかを自問する。問題の根本的な原因をつきとめ、改善の見込みを分析する。

2◆できるだけ多くの情報を入手し、問題を明瞭にする。当事者と話し合う。対立する両者のあいだで問題のとらえ方がしばしば異なることに注意する。

3◆当事者に、問題を解決する方法について提案を求める。双方が合意できる案を彼らとともに探す。

4◆当事者どうしが合意に至らないときは、実行可能な解決策と行動プランを提示する。提示した解決策の各段階について予定表をつくり、進歩をチェックする。

5◆問題が片付いたら、対処のしかたをふり返って分析するのが望ましい。自分はどれだけ有効に役割を果たせたかを、当事者や他の参加者と対照して判断する。つぎのように自問する。

a◆当事者や他の参加者に、管理者としての自分の役割を明確に伝えたか。

b◆この経験で、対立の解消における自分の役割への認識を新たにしたか。

c◆組織の目標を達成するためなら自分が柔軟な対応をいとわないことを、部下たちが理解し受け入れてくれたか。

d◆自分の個人的な偏見や先入観が、行動や判断にどれだけ影響したか。

6◆自分は管理者として対立をどれだけ緩和できたかを当事者や他の参加者にたずねる。忌憚のない意見を求める。

7◆どのような行動を改めれば部内の対立を減らせるかを考える。改善をはかったら、少なくとも三カ月間はその変化を見守る。

8◆対立を減らす努力が、部内でどう受け取られているかに留意する。

失職の不安を解消する

職を失うかもしれないという不安は、おそらく最も深刻な悩みの一つだろう。どんな仕事でも安全だという保証はない。景気が悪くなれば、どれだけ優秀で、どれだけ忠実な社員でも職を失うことがある。

しかし会社が永久にとびらを閉ざすというのでないかぎり、たとえ大幅な人員削減をしても、そうとうな数の社員が残るはずだ。その後も当然、注文は入るし、入れば仕事をこなさなければならない。顧客が一人もいなくなるわけではない。人員削減をすりぬけて生き残り組に入るにはどうすればいいのか？　人よりずっと価値のある存在になれば、生き残りのチャンスは増える。つぎの助言に従ってほしい。

◆手際よく仕事をこなす

何より求められるのは「効率」だ。これが他のすべての助言の土台になる。仕事が手際よくこなせないかぎり、どんな生き残り策もむだだろう。担当する業務はもちろん、部内の他の仕事や、会社が達成したがっている目標についても学べることはすべて学ぶ。それでもほんのスタートラインに立っただけだ。仕事をこなすだけではなく、どうしたらもっと能率が上がるか、業績が向上するか提案もしなければならない。何より重要なのは、自分や部下のために高い水準を設定し、その達成をめざすことだ。

◈新しいテクノロジーに通じる

世界は日々刻々と変化している。それがとりわけ著しいのがテクノロジーの分野だ。いまはいわゆる技術職だけでなく、すべての従業員がそれぞれの分野の新しいテクノロジーに通じていることが必要だ。たとえば総務部長のダイアンは、オフィス管理の専門誌を何誌か定期購読しているし、事務機器の展示会にも欠かさず出かける。おかげで彼女の会社は他社に先がけて、通信機器の完全点検や整備などができる新しいシステムと装置を導入した。会社が部門統合に踏み切って、多数の管理職を解雇したときも、彼女の残留は周囲から何の疑問ももたれなかった。

◈担当範囲を拡大する

ケヴィンは社に何人かいる営業事務職の一人で、契約が成立した時点から商品の発送までの面倒をみるのが仕事だ。顧客が受け取った商品に問題があった場合、顧客は顧客サービス部に訴えるので、ケヴィンは顧客サービス部から何かと情報を求められることになる。そこでこのルートを短縮し、顧客から直接連絡が入るシステムを考案した。彼にとっては仕事が増える結果になったが、会社にとっては、彼はより価値の高い社員になった。

◈目立つ人間になる

優秀な社員でも、直属の上司にしか存在を知られていない人が会社には大勢いる。トレイシーの部がべつの部に吸収されたとき、彼女の上司は転勤した。新しい上司は、増えたスタッフの誰を残すかを社の役員に相談した。スタッフの一人ひとりについて議論が交わされたが、トレイシーのことをよく知る人は一人もいなかった。そういうわけで、素晴らしく仕事ができたにもかかわらず、彼女は解雇された。

目立つ人間であるには、まず直属の上司以外の管理職にも名前と顔を知ってもらわなければならない。その方法の一つは、会議で積極的に発言することだ。どんなにいいアイディアがあっても、会議で一言もしゃべらず、胸に秘めておくだけでは誰の目にも留まらない。もう一つの手段は、多数の部との協力が必要な大きなプロジェクトなど、大勢の管理職や役員と顔を合わせられるような企画がもちあがったときに、その仕事を自ら買って出ることだ。

◈前向きな姿勢をもつ

シャーリーは会社が規模縮小に踏み切るという話を耳にしたとき、すっかり悲観した。自分はきっと解雇されると思い、その後ろ向きな姿勢が仕事ぶりにも表われた。「もうすぐ追い出されるというのに、なぜがんばる必要があるのよ」と考えた。その結果、能率は落ち、ミスが増え、上司の言うことにいちいち文句をつけるようになって、解雇される前からすでに彼女は「辞職」していた。

同僚のヴィッキーはずっと前向きだった。これまで精いっぱいやってきたのだからきっと残れると信じ、ますます熱心に、より能率的に仕事をした。残業が必要になれば、進んで引き受けた。仕事に注ぐ努力もエネルギーも情熱も、それまでと少しも変わらなかった。会社がこの二人のどちらを残そうと考えるかは明白だろう。

◈柔軟にかまえる

エリオットは二年前からチェーン店の一つを任されており、店長になったのが自慢だった。しかし景気の低迷が長引いて、会社はついに彼の店の撤退を決意する。エリオットには他の店の副店長の地位が用意された。「いまさら副店長に格下げだなんて、納得がいかないよ。もう店長じゃないなんて友達にも言えないし」。彼は他のチェーンで店長の職を探そうかとまで考えた。

しかし考えてみれば、いまの会社で自分は一目置かれ、大事にされてきたと彼は思った。そしてここは柔軟にかまえて、一時の後退を受け入れようと考え直した。そうすれば会社はまたきっと出世コースに戻してくれるだろう、と。

役職が変わったり他の土地へ転勤したりすれば、いろいろと不都合もあるし、収入がダウンすることもある。だが無職になるとか、他の会社に移って、見知らぬ人のなかで一からやり直すよりはずっといい。

◆場合によっては他の職を探す準備をする

どうあがいてみても失職を免れないときがある。そのときは職探しに乗り出す覚悟をしなければならない。まずは履歴書を用意し、かつての職場やいまの仕事で達成してきたことを十分に強調する。同時にこれまでに仕事を通して培った人脈や知人、縁故をふり返って、仕事につながるネットワークを拡大する。

雇用者側が規模縮小や組織再編、地方への移転、廃業などを決断したせいで職を失ったのなら、自分の能力不足を恥じたり責めたりする必要はどこにもない。失職のリスクを減らすことには最善を尽くすべきだが、私たちにはどうにもならない場合も多い。悩んでいても職は手に入らない。悩んで浪費するエネルギーを、新しい職を探すという前向きな行動に転換することだ。

まとめ

◆自分で自分のとびきり厳しい批判者になろうではないか。あらゆる弱点を見つけて改善してしまい、敵に一言も言わせないようにする。

◈人は完璧にはなれない。だから偏見のない、役立つ、建設的な批判には喜んで耳を貸すことだ。

◈人事考課に備えるには、まず自分の成績を客観的に評価する。手柄となる業績のリストをつくり、向上をはかるためにどのようなプランがあるかを提示する。

◈職場での疲れを予防するには――

・疲れないうちに休む
・仕事をしながらリラックスする方法を身につける
・デスクの書類を片付ける
・仕事に優先順位をつける
・問題はなるべくその場で解決する
・任せることを学ぶ

◈職場で同僚とのあいだに対立が生じることがある。そんなときにまず役立つのは、相手の立場でものごとを見ることである。

◈失職しそうなときは、前向きな行動に出ることで生き残りの可能性を高める。

第4章 ポジティブな姿勢を育てる

デール・カーネギーは、一九世紀アメリカの思想家で著述家のジェームズ・アレンに深い敬意を抱き、彼の著書『「原因」と「結果」の法則』から大きな影響を受けた。アレンは言う。

「人のあり方は、その思考によって形成される。心に有害な考えがあれば、自分が苦しむことになるし、清らかな考えをもてば、喜びが訪れる」

「原因と結果の関係は、思考という隠れた領域においても、目に見える物質世界と同様に確固として存在する。すぐれた性格は、決して小手先で取り繕われたものではなく、たゆまぬ努力と正しい思考がもたらす当然の結果である。それと同様に下劣な品性も、下劣な思考を長らく宿した結果である」

「人は自分自身によってつくられることもあれば、壊されることもある。何を考えるかで、自分を滅ぼす武器もつくるし、喜びと力と平和に満ちた至福の城を築く道具もこしらえる」

「思考を正しく選択し、正しく働かせれば、成功と賞賛と幸福が手に入る。思考の使い方をまちがえれば失敗者となり、卑しく惨めな者となる。この最高と最低のあいだにあらゆる等級の人物がいる。私たちは自分自身のつくり手であり、主人なのだ」

「人生という闘いは、たいていは悪戦苦闘だ。だが苦労がなければ成功もないだろう。手に入れようと奮闘するものがなければ、手に入るものもないのだから。苦労は弱い者をおじけづかせるかもしれないが、決意と勇気のある者にとっては、いい刺激にしかならない。だいたいに人間の進歩とは、その大部分がたゆみない善行と、いつわりのない熱意と行動と忍耐と、そしてそれらの何にもまして、困難を乗り越え不運に決然と立ち向かう断固たる決意の賜物なのだ」

「成功への道は険しい上り坂で、頂上をめざす者の底力を試すだろう。だが人は経験からたちまち学ぶ。障害物は、それとがっぷり組み合うならば必ず克服されること、そして目的の達成に最も力あるものは、自分にはそれができる、必ずなし遂げられるという信念だということを。すなわち苦労は、それを克服するという決意に出会うと、しばしばひとりでに消えてなくなるのだ」

自分に何ができるかは、やってみるまでわからない。だが私たちのほとんどは、どうしてもそうせざるを得なくなるまで、なかなか全力を尽くそうとはしない。

その仕事は不可能だと思ったら、負け。
そう思わないかぎり、決して敗北ではない。

デール・カーネギー

自分を信じる

自信がないせいで、ほんのささやかな目標を追うことに終始し、大きい目標はもとうとさえしない人がいる。そういう人の多くは才能も能力もありながら、職場でも私生活でも、それを十分活用していない。難関を越えて人生を切り開いていく力が自分にあるとは思っていないからだ。

自分への評価が高い人は、手をつけたことはたいてい何でも成功すると思っている。そういう漠然とした信念に支えられている。自分をひとかどの者とも考え、人にもそう見られていると思っている。これはそのような人たちが何に対しても楽天的で、いつも陽気でニコニコしているという意味ではない。どんな人でもそうはいかないときがある。つらい日は誰にでもあるし、何もかもうまくいかないように思えることもある。だが自己評価の高い人はそれを受け入れられる。そしてそれに打ちのめされたりしない。

自分の能力を過小評価している人がとても多いのは残念なことだ。自分を負け犬のように感じ、成功したときですら、まぐれ当たりにしか思わない人が大勢いる。自分の能力をまったく信用していない。デール・カーネギーは自身の講座で「事をなすには、なせると信じることが何よりも必要なことだ」と教えた。自分の力を疑っていたら何もできない。確たる自信と高い志のある人間ならば、目的を達成するまでは、どんな安らぎも休息も満足も見出せないだろう。

成功へのカギは、第一に自分を信じることだ。自分を高く評価できる人々は、たいていのことには成功すると心のどこかで信じている。成功した男女のほとんどは、成功者となる遺伝子をもって生まれてきたわけではない。偉大な人々の物語からわかるのは、彼らの多くが貧困や失意や、絶望的な状況を乗り越え、ようやくにしてゴールに到達したということだ。彼らは自己イメージをネガティブなものからポジティブなものへと変えた。そして決意と骨身を惜しまず働くことで、自らの思い描いた成功を実現したのである。

このステップは誰でもたどることができる。身も心も投じ、終わりのない努力をすることは必要だが、日の当たる場所へ登りたければ誰でも登ることができるし、実際そうするべきなのだ。たどるべき重要なステップを記しておこう。

◆自分を愛する。自分を心から大事にし、尊重しないかぎり、他人の愛と敬意を期待することはできない。
◆自分を信頼する。そしていさぎよく決断する。目標を設定し、成功する自信があれば、達成につながる決断を恐れる必要はない。
◆もっとポジティブになる。もちろん途中で何度か失敗するだろう。だが、くよくよせず、その日その日の目標を達成していくことに集中すれば、成功への野心がよみがえる。
◆自己評価は滅びやすい。絶えず栄養を与え、補強しなければならない。栄養になるのは言葉、行動、心の姿勢、経験、そしてそれを持続させようという自らの決心だ。
◆自分に大それた要求をする。ささやかな成功でいい気になってはいけない。小さな成功を誘い水にして、さらに大きな成功を求めるべきだ。
◆成功者を見習う。偉大な人々の伝記を読み、彼らの経験から学び、そのひたむきさに心を奮い立たせてほしい。現代のヒーローを探して、その生き方を見習うのもいい。
◆明るく前向きに考える。心にネガティブな言葉が浮かんだら、ポジティブな言葉と取りかえる癖をつける。失望ではなく希望を、失敗ではなく成功を、敗北ではなく勝利を、恐れではなく励ましを、無気力ではなく情熱を、憎しみではなく愛と、自らへの高い評価を表わす言葉を頭に浮かべる。

穏やかで、勇敢で、健全で、希望に満ちた考えで頭をいっぱいにしておこう。なぜなら人生は、心に思い描いたとおりのものになるからだ。

デール・カーネギー

野心を育てる

世の中の悲しいことの一つは、逆境に押し流されて野心を失ってしまった人を目にすることだ。輝かしい未来を思い描いて人生に乗り出したのに、彼らはいつしか希望を失い、理想がかすんでいくのに任せてしまった。志はくだけ、エネルギーの炎は燃え尽き、かつての情熱は冷めた。

野心ほど注意深く見張り、護り、養うことが必要なものも他にないだろう。野心は栄養を与えないかぎり成長もせず、生き延びもしない。そして野心をおろそかにした瞬間から人は坂を下りはじめる。エネルギーが衰えだし、容姿も行動も言葉も徐々に劣化する。服装はだらしなくなり、仕事も行儀作法もぞんざいになり、やがてすっかりプライドを失って谷底へ転がり落ちていく。

野心が、とりわけ失意のもとで、ぐらついたり萎えたりしはじめたら、なんとしてでも立ち直らせ、力づけてやらなければならない。野心を奮い立たせる唯一の方法は、「星」に目を据えることだ。こうなりたいと思う自分の姿をくっきりと描き出して、つねに心に掲げ、全力をあげてそれをめざすことだ。

毎朝、前日よりよく働く決心をしよう。そしてあたかも勝利に向かって行進しているかのようにふるまい、私たちが野心に満ち、成功を約束されているという印象を周囲のすべてに与えるのだ。身体、頭脳、道徳性のどれについても成功者にふさわしい水準を保たなければならない。たとえわずかでも堕落や水準低下のきざしがないか、自分を安っぽくしたり卑しくしていないか油断なく見張る。そうやってつねに高い理想を掲げ、それに応えて生きるなら、野心は決して衰えない。

行動する

不運や失敗に人生を台無しにはさせないと決心したら、何をするかを直ちに決める。そして暗い気分をふり払って立ち上がり、すぐさま行動に移ることだ。

たんに何かをしようという野心があるだけでは、たとえどれだけ強い決意があっても、実際にそのプランや仕事に着手しないかぎり私たちは少しも強くなれない。それどころかプランや決意がありながら実際の行動がともなわなかったら、むしろ弱くなるだろう。それは、ジムへ行って運動器具をただながめていても、少しも強くなれないのと同じだ。ランニングマシーンもエアロバイクもダンベルも、それを使って身体を動かしてこそ筋肉を鍛えることができる。人格の筋肉を鍛え、決意を強め、野心を支えるのは、何事かを実際に行なうというそのことだ。

馬から落ちたら、すぐ乗り直す

ビジネスであれ人生の他の面であれ、大きな失敗をして意気消沈し、すっかり自信を失うことがある。そういうときは直ちに何らかの対策を取らないと、自己憐憫や敗北者意識や不幸感が根づいてしまうかもしれない。

昔からこう言われる。「馬から落ちたら、すぐ乗り直せ」。さもないと怖くて一生乗れなくなる。

敵に力を振るわせてはいけない

クライドは人から侮辱されたとか、ないがしろにされたとか、失敬なことを言われたとか言っては――それが実際のことであれ、たんに自分がそう感じただけであれ――しょっちゅう腹を立てている。そしてその相手にどうやって仕返しするか思案をめぐらして、尋常でない時間とエネルギーを使っている。

敵を憎むことは、その敵に力を振るわせることだ。その憎しみを抱えたせいで夜は眠れなくなり、食欲は落ち、血圧は上がる。憎しみをどれだけつのらせようが、敵は何の害を受けるわけでもない。なのにこちらは昼も夜も悲惨なことになる。復讐心に取り付かれると、敵より自分のほうがよほど害を受けるというわけだ。敵は何一つ手を下していないのに、こちらは疲労困憊し、神経をすり減らし、健康を損ない、おそらくは命をも縮めているだろう。そうと知ったら敵は小躍りして喜ぶにちがいない。

敵を愛することができるような聖人になれとは言わない。だが私たち自身の健康と幸福のために、せめて敵を赦し、憎しみを忘れようではないか。

人に仕返ししようなどと考えてはいけない。そんなことをすれば、相手より自分のほうがよほど傷つく。

デール・カーネギー

酸っぱいレモンを甘いレモネードに変える

サムは何かがちょっとうまくいかないと、すぐ放り出してしまう人間だ。きっと失敗するようと口癖のように言い、実際に失敗すると肩をすくめて決まってこう嘆く。やっぱりな……こうなるのはわかってたんだ……いつだってこうなんだから……ぼくは負け犬さ……人生は酸っぱいレモンしかぼくにくれない……。

たしかに失敗はレモンのように酸っぱい。だが前向きな考え方の人間なら、レモンを手にしてこう言うだろう。「このレモンをどうにかして甘いレモネードに変えられないか？」

デール・カーネギーは、レモンをみごとにレモネードに変えたフロリダ州の農夫のことを語っている。

農夫は、手に入れた土地を見てがっかりした。岩だらけの荒地で、果樹を植えることも豚を飼うこともできない。ヒイラギガシの茂みとガラガラヘビだけがはびこっている。そのとき農夫はこう考えた。この悪条件をきっと財産に変えてみせる。ガラガラヘビをうまく利用するにはどうしたらいいだろう？

誰もが驚いたことに、彼はガラガラヘビの肉で缶詰をつくりはじめた。ヘビの皮は靴やハンドバッグの材料として売り出し、牙から抽出した毒は、血清をつくる研究所に買い取らせた。このビジネスが大当たり。農場には見学者が詰めかけるようになった。彼の前向きな姿勢が、新しい産業を創出したのである。酸っぱいレモンが、まさに甘いレモネードに変わった。

身体的、知的障害を克服して大きな成功をおさめた男女の例は、世間にいくらでも見つかる。貧しい親のもとに生まれ、やがて億万長者となった人も大勢いる。ミルトンは視力を失ってから、さらにすぐれた詩を書いたし、ベートーヴェンも耳が聴こえなくなってから、より素晴らしい音楽を生み出した。ヘレン・ケラーの輝かしい業績は、目も見えず耳も聴こえないという境遇から生まれたものだ。アメリカのビジネスの歴史は、W・クレメント・ストーンのような人物の物語でいっぱいだ。彼は、幼いころから新聞売りをして家族を飢えから護り、数え切れないほどの障害を乗り越えて世界最大級の保険会社を創業し、大富豪となった。

日々生きていくあいだには、すっかり気落ちして、レモンをレモネードに変えられる希望などどこにもないと思うこともあるだろう。それでも変える努力をするべきだという理由は二つある。

一つは、成功するかもしれないから。もう一つは、たとえ成功しなくても、マイナスをプラスに変えようとすれば、後ろをふり返らず前を見つめることになるからだ。ネガティブな考え方がポジティブに変わる。エネルギーがわいて、忙しく働くことへと駆り立てられ、過去のことや取り返しのつかないことを嘆いたり悲しんだりしている暇も余裕もなくなる。

前向きな、幸せをもたらす心の姿勢を養おうではないか。酸っぱいレモンに人生を台無しにさせてはいけない。それは甘いレモネードに変えられるのだから。

まとめ

◆自分への評価が高い人は、たいていのことは成功すると思っている。ただこれは、そのような人が楽天的だということではない。自己評価が高い人はつらい日やうまくいかない場合もそれを受け入れ、打ちのめされたりしない。

◆成功へのカギは、自分を信じることだ。自分の能力を信用していない人は、成功したときでさえ、まぐれ当たりにしか思わない。事をなすには、なせると信じていることが何よりも必要である。

◆野心ほどケアが必要なものは他にない。失意によって野心が萎えはじめたら、なんとしても立ち直らせなければならない。そのためには、高い理想を掲げ、全力でそれを目指すことだ。

◆野心があっても、実際に着手しないかぎり私たちは強くなれない。野心を支えるのは、何事かを行なうという「行動」そのものである。

◆大きな失敗をして意気消沈したときは直ちに何らかの対策を取らないと、自己憐憫や不幸感が根づいてしまうかもしれない。

◆「敵」に仕返ししようとしてエネルギーのむだ使いをしてはいけない。相手より自分のほうがよほど傷つく。

◆人間は誰でも失敗する。失敗を成功に変える努力を惜しんではいけない。

第5章 恐れを克服する

心身に悪い影響をおよぼす暗い精神状態のなかで、最も多様なかたちを取るのが「恐れ」である。いろいろなレベルの恐れがある。恐慌状態、パニックといった極度の恐怖感もあれば、何だか嫌なことが起きそうだといったちょっとした不快感もある。しかし恐れは軽度のものでも神経系の反応を招き、正常な生理機能を妨げることがある。頭の働き、道徳性、精神性が低下し、元気がなくなり、ときには神経衰弱にも至る。

人は何を恐れるのか

二五〇〇人にインタビューをしたある調査によると、人間には怖いものが七〇〇〇以上もあるという。なかでもよく口にされたのが、死ぬこと、失職、人前で話すこと、貧乏、感染症、いくつかの遺伝病の発症、健康悪化、飛行機に乗ることなどで、他にさまざまな迷信による恐れもあった。

いずれ死ぬことを思うと、死が恐ろしく、生きていること自体が怖くなるという人は大勢いる。何か悪いことが起きそうだという不安につねにつきまとわれているという人も多い。そういう人たちは、いつも気が晴れず、何をしても楽しくないし、心からくつろげない。恐れが人生に深く根づいているために、何をやっても中途半端で、これということをやり遂げることができない。

あらゆるものが怖いという人もいる。お金をなくすのが怖いから仕事で冒険はしたくない。世間の目が怖い。隣近所からどう見られているかとても気になる……。まさに怖いことだらけの人生である。

不安があるときは、やるべきことをとことんやる。
準備が完璧なら、怖いものはなくなる。

デール・カーネギー

恐れが「恐れていること」を呼び寄せる

恐れや悩みには、恐れているまさにそのことを呼び寄せる作用がある。つねに恐れや不安を抱えていれば、健康は損なわれるし、寿命は縮むし、仕事の能率は上がらなくなる。疑いと恐れは失敗に直結する。信念はオプティミストをつくるが、恐れはペシミストをつくる。

何だか悪いことが起きそうだという予感や不安感は、職場でも他の場所でも、行動のすべてに影響する。新しいことや大胆なこと、思い切ったことができなくなる。その人らしさがなくなり、個性が消えて、あらゆる知的作業が輝きを失う。恐れはつねに人を弱らせ、臆病を居座らせる。

恐れは正常な頭の働きを止めてしまい、いざというときに賢い行動が取れなくなる。恐怖に身がすくむと頭のなかが真っ白になって、どうしていいかわからなくなるのは誰でも知っているだろう。落胆し、お先真っ暗になったときや、失敗しそうだという不安で頭がいっぱいのとき、あるいは一文無しになるというような不安に取りつかれたときなども、私たちは知らないうちに恐れているそのことを引き寄せている。だからビジネスに幸運が寄り付かない。

信念が恐れを追い払う

不安や心配を跳ねのけて、いつも成功を心に描き、希望に満ちた楽天的な態度を決め込んで、計画性と経済観念と先見性をもってビジネスに打ち込むなら、実際には失敗などほとんどしないものだ。だが臆病風に吹かれたり、疑心暗鬼におちいったり、パニックを起こしたりすれば、平常心は失われ、成功に不可欠な努力ができなくなる。気力、体力を奪われ、抵抗力が落ち、効率が悪くなり、恵まれた資質も台無しになる。

最もたちのよくない恐れの一つが、いまにきっと何か悪いことが起きるという気がしてしかたがないというものだ。そういう奇妙な不安にずっと取りつかれている人もいる。何か災難が降りかかりそうだ、地位や財産を失うかもしれない、交通事故に遭うのではないか、不治の病にかかったらどうしよう……。子供たちが家を離れていれば、いまごろ大変な目に遭っていないかと気がもめる。飛行機が落ちてはいないか、車が事故を起こしていないか、悪い病気にかかってはいないか……。頭のなかはいつも最悪のシナリオでいっぱいだ。「だって、いつ何が起きるかわからないでしょう」と彼らは言うだろう。「最悪の事態を覚悟しておいたほうがいいじゃないの」

成功哲学のパイオニアの一人であるオリソン・マーデンはこう述べている。「恐れは想像力と結託して大変な悪さをする。あらゆる災難を目の前に描き出してみせるのだから。信仰や固い信念は、その完璧な解毒剤だ。恐れは暗がりと影しか見せないが、信念は黒雲の銀色に輝く裏側と、その上の太陽を見せてくれる。恐れは人をうつむかせ、最悪の事態を予測させるが、信念は空を仰がせて最良のものを期待させる。恐れは悲観論者で、つねに失敗を予言し、信念は楽天家で、成功を予言する。心が信念に支配されているときは、貧乏や失敗への恐れは入り込む余地がない。信念は疑心も寄せつけず、そしてどんな逆境をも服従させる。

「力強い信念や信仰は不老長寿の霊薬だ。それさえあれば恐れることも悩むこともない。一時の不和や厄介事に惑わされず、雲の向こうの太陽を見つめることができる。物事がやがてあるべき姿を取ることがわかる。なぜなら、目には見えない遠いゴールが見えるからだ」

恐れることは私たちのエネルギーを奪い、生産力を下げ、衰弱させる。信念は恐れを寄せ付けず、私たちの資質や創造の才をより有効に活用させる。

信念がないと、恐れや悩みが慢性化する。恐れは乗り越えられるものと強く信じていれば、それを撃退する支えになるだろう。失望、喪失、逆境、災難にみまわれたときも、精神はバランスを失わないだろう。信念が不運の向こう側に目を据えているからだ。雲の裏側の太陽と、敗北と見えるものを越えたところの勝利を見つめているからだ。

失敗する人は、たいてい絶えず立ち止まっては心配する。自分は成功するのか、しないのか、つまるところどうなるのかと。先行きを絶えず気にして思い悩む姿勢から疑いが生じる。何かを達成することにとってこれは致命的だ。

怖くてやりたくなかったことに思い切って手をつけて、最後までやりとおす。
これがいままでに知られているなかで、いちばん手っ取り早くて確実な恐怖心の克服法だ。

デール・カーネギー

人前で話す恐怖を乗り越える

怖いものを一つ克服すると、他の怖いものがずっとらくに克服できるようになることが証明されている。

人が何を怖いと思うかについては長年にわたって調査が行なわれており、つねに上位に入るのが「人前で話すのが怖い」ということだ。デール・カーネギー・トレーニングではこの人前で話すことへの恐れを解消する方法を、すでに何万人もの人々に指導している。つぎの一四項目の助言を実行すれば、この多くの人の抱える恐怖心がいかにすみやかに克服されるものかがわかるだろう。

1◆聴き手を知る。会議や集会が始まる前に、その日の聴衆についてできるだけ多くの情報を収集する。相手が何を知りたがっているかがわかったら、それに合わせて話の内容を調整する。

2◆準備を十二分にする。どれほど経験豊富な話し手でも、スピーチを成功させるには話を念入りに準備することが必要だ。

3◆堂々と話をする。そのスピーチやプレゼンテーションの目的を念頭に置く。

4◆丸暗記しない。話を完全に自分のものにしておく。

5◆その題材について、話をするのに必要な以上の知識をもつ。知識があればあるだけ自信をもって話ができる。

6◆出だしを印象的に。インパクトのある出だしを工夫して、聴き手の気持ちをぐっとつかむ。

7◆結びも印象的に。話の内容が聴き手の記憶にしっかり残り、必要な行動を取ってもらえるように結びの文句を工夫する。

8◆リハーサルをする。鏡の前で練習するか、ビデオカメラで録ってチェックする。

9◆視覚資料や機器の用意。プロジェクタやパソコンなどがちゃんと使えるようになっているか、スライドなどが順番どおり揃えてあるかを事前に確認する。

10◆自然体で。友人たちに話すつもりで気楽に話す。完璧にやろうとしない。たとえまちがえても聴き手は許してくれる。微笑みを絶やさず、自然に話せばいい。

11◆早めに会場へ入る。聴き手に前もって面会する。スピーチのなかでその何人かの名前をあげるといい。また聴き手の何人かと視線を合わせて話す。

12◆題材には「自分がよく知っていること」「聴き手にぜひ伝えたいこと」「自分が大好きなこと」を選ぶ。

13◆胸がドキドキしたり、コチコチに緊張したりしないように、深呼吸やストレッチなどで軽く身体を動かしたり、セルフトークで自分を励ましたり、自信ありげなジェスチャーを使ったり、スピーチやプレゼンテーションがうまくいった様子をイメージするなどの工夫をする。

14◆話すことを楽しむのを忘れない。

人前で話す恐怖を克服できれば、他の恐怖心の克服もずっと容易になる。怖いことを一つずつ取り上げ、このやり方を参考にして計画的に取り組むといい。

恐れは成功の大敵

恐怖心や不安は集中力にとって致命的であると同時に、創造的な能力にとっても大敵だ。いかにすぐれた科学者や発明家や芸術家であれ、実業界の大物であれ、恐れや不安や心配で頭がいっぱいだったら何の成果も上げられないだろう。

感情がぶつかり合って頭のなかが揺れ動いていれば、効率よく仕事をするのは不可能だ。思考力を奪い、喜びを奪い、人を早々と老け込ませてしまうのは、実際には起きてもいない物事なのだ。

不安にさいなまれて得をしたという話をこれまでに聞いたことがあるだろうか？　恐怖におののいたことで、状況が改善されたためしがあるだろうか？　恐れはいつでもどんなところでも、作業効率を落とし、精根尽き果てさせて健康を損なわせ、私たちの願うこととは正反対のことをしでかしてくれる。

成功と幸福は、どちらも自分のエネルギーを最大限に活用しつづけられるかどうかにかかっている。ならば成功や幸福にとって、恐れはまさしく敵であると肝に銘じておくべきだ。まだ起っていない災難を恐れ、やきもきして暮らす癖はやめなければならない。気をもんだり悶々としたりすることは、心の平和や強さや仕事の能力を奪っていくうえに、人生の貴重な年月も奪い去っていく。

仕事に殺される人はいないが、不安に殺される人はたくさんいる。何かを実際にすることよりも、それをするのが怖いという思いのほうに、私たちはよほど深く傷つけられるのだ。不安におののくときは、頭のなかで何度もその怖いことをイメージしているだけでなく、どうせうまくいかないという思いにもさいなまれているのだから。

後悔と取り越し苦労の癖を直す

悩みのなかでも最悪なのは、過去の失敗をくよくよと思い返すことだ。そうしていると野心はしぼみ、決意は鈍り、将来の目標までだめになる。

過ぎたことを思い返し、自分の落ち度や欠点を責めつづけるという不幸な癖をもつ人がいる。そういう人は、ものの見方がすべて後ろ向きになる。物事のネガティブな面しか見ないせいで、あらゆることが歪んで見える。またその不幸な画像は、心にとどまる時間が長くなるほど深く埋め込まれ、取り除くのが難しくなる。

悩んでいれば、成功は刻一刻と遠のいて、代わりに失敗の可能性が高くなる。不安や心配は、その一つひとつが私たちの身体に痕跡を残していく。それによって健康な心と身体の調和が乱され、仕事の能率が損なわれる。

恐れていることが実現するのではないかという心配も、本当にそうなる可能性を高めるだけである。それなのに、あまりに多くの人がそういう余計な心配や、不必要な悩みを人生にはびこらせ、毎日を台無しにしている。

メアリーもそんな何やかやと心配してばかりいる女性だったが、あるとき友人に勧められて、そのうちきっと身に降りかかると信じている災難や不幸をすべて拾い出してリストをつくった。それから長い年月が経ってから、リストを読み返した彼女はびっくりした。そこに書き並べられた不幸な予言のどれ一つとして的中してはいなかったからだ。

私たちもこのメアリーのまねをしてみようではないか。困ったことになりそうだと思っていることをすべて書き出し、そのリストをどこかにしまっておく。将来それを取り出したとき、人生に悲しいことの起きる率というのは、ずいぶん小さいものだということがわかるだろう。

恐れの解毒剤

自分をむしばむだけの悪い習慣は、すぐに直さなければならない。心配したり悩んだりする癖をやめることに全力で取り組んでほしい。頭のなかを勇気や希望や自信で満たしておくことである。怖いという気持ちが舞い込んでも、それが頭脳と想像力に定着しないうちに追い払うのだ。直ちに解毒剤を使えば、敵は逃げていくだろう。どんな不安も恐れも、それとは正反対の思考で中和や相殺ができないほど強力でもなければ、深く浸透もしない。アメリカ第三二代大統領のフランクリン・ルーズヴェルトの言葉をおぼえておくといい。「恐れなければならないものは、恐れることそのものだけである」

恐れというのは威張り散らすだけの臆病者だから、征服するには、それがそこに居座っていることをただ忘れるだけでいい。造作もないことだ。

デール・カーネギー

恐れを克服する

恐れを克服するには、まず何を恐れているのかを理解しなければならない。それは必ずといっていいほど、まだ起きていない何かである。つまり実在しないものだ。怖いものとは、私たちが勝手に思い浮かべている架空の何かで、それが現実のものとなる「可能性」に脅かされているのである。

高所の狭い場所を歩くことには、たいていの人が恐怖をおぼえる。地上の平らな場所なら、それと同じ幅でしるしをつけても、そこからはみ出さないように歩くのは何でもないし、バランスを崩すなどとは誰も考えない。つまりそういう場所を歩くときに唯一危険なのは、落ちるという恐怖心だけなのだ。バランスを崩さずに歩ける人は、たんにそれが怖くない人だ。恐怖に身がすくんだりしないので、動きを完璧にコントロールできる。じっさいサーカスの軽業師は恐怖心を克服するだけで、見物人をハラハラさせる離れ業のほとんどをやってのけることができる。もちろん芸によっては専門的な訓練と、筋肉や眼や判断力などの鍛錬がいる。しかし他のほとんどの芸に必要なのは、冷静な恐れ知らずの精神だけなのだ。

ごくありふれた恐怖を一つ取り上げてみよう。失業の恐れである。この災難に遭うかもしれないことを心配して惨めな毎日をおくっている人たちは、まだ失業してはいない。つらい目に遭っているわけでもなく困窮の心配もない。したがって目下の状況は満足すべきものだ。もし本当に解雇されたら、そのときは失業を恐れてももう遅いし、それまで悩んできたことも何の役にも立たなかったわけで、まったくのむだということになる。それどころか、再就職の準備が必要だったことを考えると、自分を不利にしていただけになる。そのとき心配になることは、つぎの職が見つからないということだろう。見つかれば、あらゆる心配はまたしてもむだだ。つまりどう転んでも、心配したり悩んだりすることは正当化されない。心配のタネとなるものは、つねに未来の想像上の状況に他ならない。第3章でも述べたように、職を失う心配をするかわりに、失うリスクが減るような前向きな行動を取るべきだ。場合によっては新しい職を探す準備を始めることである。

いろいろな恐れを克服したければ、怖いと思うことを一つずつ取り上げて論理的に考え、現時点ではその怖いことは存在せず、たんに想像しているだけだということを納得することだ。将来それがやって来ようが来るまいが、いまそれを恐れることは時間、エネルギー、知力、体力のむだでしかない。飲んだり食べたりして害になるとわかったものはその後二度と口にしないのと同様に、恐れることもやめるべきだ。もし何か恐れなければならないなら、恐れることの副作用を恐れよう。

怖いものが架空のものだと納得するだけでは十分ではないだろう。恐怖を示唆するものを追い払えるようになる必要がある。すなわち頭を訓練して、恐れにつながるあらゆる思考を撃退できるようになることだ。心の動きをつねに警戒し、油断なく見張っていよう。嫌な予感や胸騒ぎをおぼえたときは、それに身を任せて悪い想像をふくらませてはいけない。直ちに頭を切り替えて、思考をポジティブな方向へ集中させる。

たとえば、失敗するかもしれないという気持ちがふと心をよぎったら、自分は力が足りないとか、こんな大仕事をする訓練を受けていないとか、きっと失敗するなどと考えてはいけない。自分は強いし能力があるし、これまでにも同じような仕事で成功をおさめてきた、だからいまこそ過去の経験や学習がすべて役立つときだと思うことだ。そうすれば意気揚々と仕事に取り組むことができ、より高度な課題にも、ひるむことなく挑戦できるだろう。私たちをより高いところへ押し上げていくものは、意識的にであれ無意識のうちにであれ、こういう前向きな姿勢をもつことだ。

この原理、すなわち明るく自信に満ちた思考で恐れの思考を追い払うというこの原理は、私たちを日ごろ悩ますどんな恐れにも使える。初めのうちは、思考の流れを変えるのは難しいだろう。

心の暗くなることをぐずぐずと考えるのをやめられないかもしれない。そんなときに役立つのは、何かスイッチを使って頭を切り替えることだ。そのときしていることを直ちにやめて、集中が必要なべつの仕事に取り組むのが効果的なこともある。

恐怖というこの人類最大の敵は、真っ向から対決すれば、ふだんの思考から根絶することが可能だ。一九世紀のアメリカの思想家エマーソンはこう言った。「怖くてできなかったことを思い切ってやってみる。そうすればもう、怖いものなしだ」

まとめ

◆恐れは、恐れているまさにそのことを呼び寄せる。恐れは人を弱らせ、押さえつけ、締めつける。恐れがのさばれば、前向きで創造的な心の姿勢も、非生産的でネガティブなものに変わってしまう。

◆恐れは悲観的で、信念は楽観的だ。恐れはつねに失敗を予言し、信念は成功を予言する。恐れが的中することを心配すると、的中する率が上がる。だから心配するのはやめることだ。有害な習慣は捨てなければならない。

◆信念がないと恐れや悩みが慢性化する。希望に満ちた楽観的な態度を決め込んでいれば、恐れに負けることはない。

◆恐れることで状況が改善されることはない。恐れは成功の「敵」であることを肝に銘じておくべきだ。

◆恐れを克服するには、まず自分が何を恐れているのかを理解しなければならない。怖いと思うことを一つずつ取り上げ、いまそれを恐れることは時間やエネルギーのむだでしかないことを知る。

◆明るく自信に満ちた思考によって、恐れを頭のなかから追い払う。嫌な予感や想像に身を任せてはいけない。直ちに頭を切り替えて、思考をポジティブな方向に集中させる。

第6章 ストレスに対処する

どんな仕事にもストレスがある。ストレスがまったくなかったら、私たちはたぶん退屈してしまうだろう。だがストレスが苦痛の域に達したら、何らかの手を打たなければならない。

ストレスとは特定の環境に対する人体の反応である。ストレス研究の父と呼ばれるハンス・セリエはストレスを「生体へのあらゆる要求に対するその非特異的反応」と定義して、こう書いている。「ストレスとは状況の変化に適応しようとする心身の努力であり、神経系、循環系、免疫系をはじめ多くの組織が関与する反応である」

ストレッサーと三種のストレス

状況や環境の変化に遭遇すると、それはストレッサー（ストレス作因）となって生体のストレス適応反応を始動させる。ストレッサーになるものは、たとえば重病の診断を受けたとか、転職を余儀なくされたといった深刻な事態から、道路が渋滞したとか職場でコンピュータが故障したといったちょっとしたものまでさまざまだ。

セリエ博士は、ストレスに三つのタイプ――有益なストレス、有害なストレス、過剰なストレス――があるとした。

◆有益なストレス（ユーストレス）

すべてのストレスが悪いわけではない。セリエがユーストレスと呼んだ有益なストレスは、やる気を奮い立たせて、とびきりすぐれた仕事をさせてくれるような要因となるもので、エネルギーと集中力を増進させるポジティブなストレスだ。このストレスは、たとえば職場でプレゼンテーションをするとか人前で演奏するといった、自分がある程度支配できると感じられるような状況から生じる。がんばればどうにかなると本人が思えるなら、そのストレスは創造性や生産性を高める傾向がある。

◆有害なストレス（ディストレス）

これは破壊的でネガティブなストレスで、自分の支配力や影響力がまったくおよばないように見える状況で発生する。たとえば何かに脅えたり恐怖にかられたりすると、体内に放出される化学物質が一連の反応の引き金を引いて心拍数が上昇する、いわゆる「闘うか逃げるか反応」になる。

◆過剰なストレス（ハイパーストレス）

これは有害なストレスが慢性化している状態で、対人関係も健康も、仕事の能力も大きく損なわれる。「燃え尽き」と呼ばれる極度の疲労状態や、胃潰瘍、心筋梗塞、神経衰弱などにつながる。

自分や自分のいまの状況を哀れに思うのは、エネルギーのむだというだけでなく、あらゆる癖のなかで最もたちの悪いものだ。

デール・カーネギー

ストレスレベルと効率

どんな仕事でも、適度のストレスがあるほうが効率がいい。ストレスがまったくないと、かえって仕事がいい加減になったり、はかどらなくなったりする。たやすい仕事は気が散りやすく、見落としやミスが増えるし、眠くなることもある。

ストレスが強すぎれば、まったく集中できないか、あるいは仕事のある面のことで頭がいっぱいになり、何をどうしていいのかわからなくなり、効率は悪くなる。

さらに深刻なストレスになると、統合力も集中力も著しく損なわれる。極端な場合は恐怖感で身動きが取れなくなるか、さもなければ怒りを爆発させたり家に引きこもって職場に出てこなくなったりする。パニックに陥って、ストレスフルな現実からただ逃げている状態になり、仕事はできなくなる。こうしたストレスが長引けば、心身を病むことになる。深刻なストレスに絶望感がくわわると、場合によっては死にもつながる。

ストレスの代償

つぎにあげる研究結果は、アメリカの国立労働安全衛生研究所（ＮＩＯＳＨ）の公開情報によるものである。

◆財政面

職場のストレスはアメリカの産業に多大な損失を与えており、その額は年間三〇〇〇億ドルを下らないと見られている。直接的な原因となるのは事故、常習的欠勤、離職、生産力の低下、直接的医療費、弁護料、保険料、労働者への賠償金、不法行為とそれにともなう経営者の債務などである。つぎの数字を考えてみたい。

- 離職理由の四〇パーセントはストレスによるものである。
- 従業員の入れ替えにかかる費用は、低賃金の従業員で数千ドル、特殊技能を必要とする職や技術職、専門職、管理職レベルでは数万ドルから数十万ドルにのぼる。
- 職場の事故の六〇～八〇パーセントはストレスが関与している。一九七九年にペンシルヴェニア州スリーマイル島で、また一九八六年にはウクライナのチェルノブイリで起きた原子力発電所の事故や、一九八九年のエクソン・ヴァルディーズ号原油流出事故などは、広域に甚大な被害をおよぼした。
- カリフォルニア州では過去八年間に、メンタルストレスに対する労災補償金の請求件数が七〇〇パーセント増加した。
- カリフォルニア州では過去一〇年間に、ストレス関連の医療費と弁護料だけに数十億ドルが支払われており、これはほとんどの州で支払われた補償金の実額を上回る。このため労働者災害補償保険料は、毎年一〇パーセント以上引き上げられている。

つぎはストレスフルな職場環境から発生し、生産性に直接的な影響をおよぼす心身の問題として最もよく報告されるものである。

◆**精神面**

- うつ
- 疲労
- 慢性的不安
- 個人的対立の増加。原因はネガティブな思考法、忍耐力の不足、無関心、怒り、敵意など
- 燃え尽き（極度の疲労、うつ状態、引きこもり、周囲への無関心）

◆**身体面**

- 高血圧と心血管病
- 胃腸の過活動（胃酸過多、潰瘍、過敏性腸症候群、下痢）
- 頭痛

・皮疹、かゆみ
・原因不明の疲労感
・免疫力低下による感染症の増加
・歯を食いしばることによる歯の問題

◈**行動面（人間的問題）**

・同僚の言動への非理性的反応
・威張る
・かんしゃく
・集中力の欠如から、よく事故を起こす
・乱暴運転
・精神安定剤、アルコール、たばこの量の増加
・不適切な笑い

職場のストレスから身を護る

職場であれ家庭であれ、誰もがストレスを受けている。ストレスを受けることは必ずしも悪くない。ストレスがかかることで人はしばしば発奮し、とてもむりだと思われるようなことでも達

成してしまうことがある。注意がいるのは深刻であつかいにくい、心身の問題につながるようなストレスだ。ここではストレスフルな状況のいくつかと、医学・心理学の専門家や第一線の経営者らの勧める、職場のストレスから身を護る方法に注目したい。

締め切り日が迫っているのに仕事はさっぱり進まない。頼みの綱のアシスタントも現われない。上司からは「必ず間に合わせてくれよ」と圧力がかかる。それなのに頭はズキズキ痛み、まともに考えることもできないありさまだ。このストレスをすみやかにやわらげ、せめて仕事に手をつけるにはどうしたらいいのだろう？

幸いなことに、どれほどストレスフルな状況でも、つぎの六つの対策のどれか、またはいくつかを使えば乗り越えられる。頭文字を取れば「ＳＴＲＥＳＳ」となる。

S—Self-discipline（自己訓練）
T—Tender loving care（身体に気をつける）
R—Relaxation（リラクセーション）
E—Exercise（エクササイズ）
S—Sense of humor（ユーモア）
S—Seek help from others（人に助けを求める）

◆◆◆自己訓練

緊張を解く方法は人それぞれだ。ある男性はストレスを感じたら、外へ出て自分の車に乗り込み、窓が閉まっているかしっかり確かめてから、思い切り大声で叫ぶのだそうだ。ある女性は幸いにして会社に個室をもっているので、そこで数分間ヨーガをして緊張を解くのを習慣にしている。瞑想や祈ることが助けになるという人もいる。

かんしゃくもちのベンは、その気性のせいで数え切れないほど問題を起こしてきた。すぐにカッとなるたちで、ちょっとでもストレスを感じると、相手構わず怒鳴り散らす。大声を出すことで彼の当座の緊張は解けるものの、こんどはまわりじゅうが緊張してしまう。

かんしゃくを抑えることができないなら、この先会社にとどまることは難しいと上司から警告されたとき、ベンは初めて理解した。自分の身勝手なストレス発散が、つまり怒鳴ったりわめいたりして不満を爆発させることが、他人のストレスをつくっているだけでなく、実際には自分のストレスもより大きくしていたのだと。そう気づいたときから、感情の爆発を抑えることに集中的に取り組んだ。これはゲームだと考えることにした。うまく気持ちを抑えられたら、そのつど自分にちょっとしたご褒美をあげる。そうやって衝動に負けない精神力を鍛えていった。その努力のかいあって、感情を爆発させる回数が減っただけでなく、それまでなら腹が立ったようなことでもずっとすんなり受け入れられるようになって、仕事のストレスそのものが減ることになった。

◆身体に気をつける

身体に気をつけることは健康に不可欠で、健康な人間はストレスを感じることが少ない。ベヴァリーは肥満体で血圧も高く、何かといらいらすることが多かった。何をするのも億劫で、頭痛にもしょっちゅう悩まされたし、他にもいろいろ不具合があった。身なりはいつもだらしなく、服や容姿にほとんど気を配らない。彼女はそういうことのすべてを仕事のプレッシャーのせいにしていたが、あるとき医師から、実際にはその逆ではないかと指摘される。身体を大事にしなかった結果、プレッシャーやストレスを感じることになったのではないかと。そして体重を減らし、血圧を下げるような食事のしかたを指導された。するとどうなったか？　彼女はやせて、自分でもずっと健康になったと感じ、容姿にも関心が向くようになった。ヘアスタイルを変え、新しい服も買い揃えた。そうやって自分を大事にあつかっていると、以前ほどいらいらしなくなり、それまでは重荷に感じていた仕事ともうまくつき合っていけるようになった。

◆リラクセーション

ストレスの専門家は、ストレスを感じたときにはちょっとした気分転換などのリラクセーションが最も即効性のある対処法だとしている。どんな方法を取るかはストレスが生じた状況にもよるし、その人に、あるいはその場に何が適しているかにもよる。筆者は先ごろ男女のグループに、職場でストレスを感じたときに、どうやってリラックスしているかについて聴き取り調査を行なった。

チャーリーはプレッシャーに耐えられなくなってきたときは、しばらくその場を離れることにしている。デスクから立って、コートを着て、会社の外に出る。付近をしばらく散歩するか、駐車場で一〇分程度（長くても一時間以内）ぼんやりしていれば、立ち直った気分になり、頭もすっきりして効率的に問題に取り組める。

繁華街で働くカーリーもストレスを感じると、職場を離れ、近所のショッピングセンターへウィンドウショッピングに出かける。張りつめていた気分がなごんで、らくになる。

スタンの上司は勤務時間中に部下が建物の外に出るのをよしとしない。だからスタンは席にいるのがきゅうくつになると、何か用事を見つけて社内のべつの場所へ行く。

この三人のように、ストレスを感じる場所からしばらく離れるだけでも気分が変わる。ながめる景色が変われば、たとえそこが社内のべつの部屋にすぎなくても、緊張が解けやすくなる。

空想にふけることも効果的なリラクセーションになる。楽しい思い出に心を集中させる。愉快なことのたくさんあった休暇の旅行や、美しい景色や、幸せな出来事を思い出す。それらの瞬間を心によみがえらせ、楽しさを味わう。花の匂いをかぎ、潮風に吹かれ、山の空気を胸いっぱいに吸い込み、あたり一面の金色のスイセンに見とれる……。脳がストレスフルな状況から離れ、快適な思考を浴びれば、緊張が緩み、ストレスが解けていく。

過去の成功体験にしばらく思いをはせることが、緊張状態から逃れるのに役立つという人もいる。いまの問題と似たような問題を以前にも抱え、解決したことがあれば、そのときのことを思い出すことで解決のヒントが得られることも多い。とくに具体的な参考にはならなくても、以前にもストレスフルな問題をうまく乗り越えたということを思い出せば、力づけられるし、やる気が出る。

張りつめた気分をほぐすもう一つの方法は、仕事のペースを変えることだ。いくつもの仕事を抱え、同時進行でこなしている人は多いだろう。もしもいま取り組んでいる仕事のプレッシャーに耐えられなくなったら、しばらくべつの仕事をする。ヘザーは締め切りに間に合わせようと焦れば焦るほど、集中できなくなった。判断に手間取るようになり、ミスが増えた。それに気づくと、その仕事を全速力で仕上げる必要があったにもかかわらず、一時間半だけべつの仕事をした。最優先の仕事に戻ったときは、まったく気分が変わっていた。それまで目に入らなかった側面がはっきり見えた。そして締め切りに間に合っただけでなく、とても出来のいい仕事を提出することができた。

◆エクササイズ

軽い運動や体操で身体を動かすことは、ストレス解消にとても効果的だ。だが二〇人が働くオフィスの真ん中で飛んだり跳ねたりするのは得策でないだろう。人に迷惑をかけずにできることはたくさんある。呼吸のエクササイズは簡単にできて、誰のじゃまにもならない。鼻から深く吸って、口からゆっくり吐く。これを何回か行なえば、身体全体が反応してリラックスしはじめるのがわかるだろう。簡単におぼえられて、好きなときにできるリラクセーションのエクササイズは、他にもいろいろある。

テッドの会社にはエクササイズルームがあって、さまざまな運動器具が揃っている。彼は神経がピリピリしてくると、そこへ行って五分か一〇分エアロバイクをこぐ。汗をかくほどではないが、緊張を解くにはちょうどいい。

投資会社でマネジャーをつとめるスティーブは、資金運用の専門家として毎日厳しい判断を迫られる。何百万ドルもの利益が出るか、損になるかが彼の決断一つにかかっている。ストレスに押しつぶされそうになって家に帰り、子供に当たり散らし、妻とけんかすることもたびたびだった。彼が帰宅する車の音を聞いて、子供たちが部屋へ隠れるようになったとき、カウンセラーの勧めでヘルスクラブに入会する。終業後はまっすぐ家に帰らずにジムに寄り、ラケットボールの激しいゲームで汗を流す。家に帰り着くころには昼間の緊張がすっかり解けており、家庭生活も無事にもとどおりの和やかさを取り戻した。

悩み事を抱えたら、歩いて捨てるのが何よりだ。散歩に連れていくだけでいい。羽が生えて勝手に飛んでいくだろう。

デール・カーネギー

ユーモア

ストレスに押しつぶされそうなときは、身のまわりにユーモアを見出すのが難しい。だが、ちょっと離れたところからその状況をながめれば、たいてい何か笑えるところがあるものだ。

カレンは上司から叱り飛ばされた。指示を誤解し、重大なミスをおかしたからだ。でも彼がもっとはっきり指示を出していたら、こんなことにはならなかったのだ。そう思うと上司が許せなかった。くやしさと、不当にあつかわれたという気持ちがいまにも爆発しそうだった。しかしカレンはそんな気分を一日中ひきずったりはしなかった。「あんなに顔を真っ赤にして、地団駄ふんで怒る人なんて初めて見たわ。まるでマンガだわ！」そう思うと何だかおかしくなってきて、口元がほころび、笑いがもれた。そしてミスの修正に奮闘するうちに、いつのまにか悔しさも消えていた。

多くの医師が笑うことをストレス解消の手段として、また身体的な痛みを取り除く方法としても推奨している。ユーモアを解する人は、そうでない人よりもストレスに悩むことが少ない。つらい状況のなかにも何か笑えるものを求め、見出すことによってストレスがやわらぐことはめずらしくない。

ポールは笑えるマンガ本を書棚に常備している。仕事でカリカリしてきたときは、それらに手を伸ばして、コーヒーブレークならぬ「お笑いブレーク」をとる。ページをめくるうちに頬がゆるみ、クスクス笑いがもれだして、ときには笑い転げることもある。それだけで気分が晴れ、肩の力が抜けて、ゆったりした気持ちで仕事に取り組める。

◈◆◈人に助けを求める

マリリンにとっては「テレホンブレーク」が最高のストレス解消法だ。仕事で行き詰まったときは、親友に電話して話を聴いてもらう。問題を解決してもらえるとは思っていないが、胸のうちを言葉にして人に話すことで、それまで気づかなかったことに気づくことも多いし、何よりたとえ数分でも、親友と話せばほっとする。

人生にはストレスが大きすぎて、自分では立ち直れない事態も起きる。そんなときはプロのカウンセラーや牧師や、その分野の専門家に助けを求めることだ。ジュディスが夫を失ったときは、動揺して仕事がまったく手につかなくなったが、幸いなことに、喪失体験を専門とするセラピストに助けを求めるという分別を失わなかった。そのグリーフセラピーに支えられて、難しい悲嘆の時期を無事に乗り越えることができた。

私たちは一人ではないことを忘れないでほしい。企業のなかにはＥＡＰ（Employee Assistance Programs）と呼ばれる従業員支援プログラムを導入して、ストレスの原因となる個人的問題の克服を支援しているところも多い。地域社会にもたいてい相談窓口があるし、個人的なクリニックはどこでも見つかる。

プレッシャーのもとでも自分のやるべき仕事にきちんと取り組めるように、緊張緩和の方法をいくつか見つけておくことは誰にでも必要なことだ。ほんの数分のリラクセーションでもストレスがやわらぎ、元気とやる気を取り戻して職場に戻ることができる。

ストレスに負けてはいけない。ここで提案した方法をいくつか取り入れれば頼もしい道具になり、心身にプレッシャーのかかる問題に取り組むのも、健全で生産的な人生を取り戻すのも、ずっとらくになるはずだ。

問題解決のストレスを減らす

職場では誰もが問題を解決し、決断しなければならない。問題が山積すると、たいていの人がストレスでいっぱいになる。私たちには問題に正面から取り組まずに、なんとか避けて通ろうとする傾向があるが、それでは問題がいつまでも解決しないばかりか、ストレスと緊張がますますつのる。

問題解決のストレスをできるだけ減らし、同時にすぐれた判断をするには、計画的で周到な手法がいる。つぎの四段階のアプローチを試してほしい。

1◆あらゆる事実を入手する

悩みは何かを正確に書き表わす。大発明家で、ゼネラル・モーターズを率いたチャールズ・ケタリングは「問題をきちんと述べることができたら、半分は解決している」と言った。

2◆事実を分析する

事実に対してどんな反応や解決がありうるかを考える。選択肢のそれぞれから派生する問題について考えることも忘れてはいけない。解決につながるかどうかだけでなく、その選択によって関係者にどんな影響がおよぶかも考える。

3◆決定する

すべての選択肢を十分に考慮し、最良の解決策や行動になるのはどれかを判断する。

4◆決定に従い実行する

決定したら、それに従って直ちに行動を開始する。それによってストレスフルな状況がこちらの支配下に入る。ただ行動を開始するだけでも、ストレスは驚くほど軽くなるものだ。

まず自分に問いなさい。起こりうる最悪の事態は何か？
そして、その最悪の事態を受け入れる覚悟をする。
それから、その最悪の事態が少しでもよくなるような努力をする。
デール・カーネギー

ハイテク社会とストレス

二一世紀に入り、職場を支えるテクノロジーの進歩は、ついていけないほど急速になっている。いまや私たちは文字どおり一日二四時間、週に七日、仕事ができる。これは一見これまでよりも多くのことが日々なし遂げられて、途方もないことが達成できるように思えるかもしれない。だが一方では職場にも人生にも、ストレスと緊張が同様に増えていく。そういうハイテク社会で心身の健康を保ちながら生産性も高めるにはどうしたらいいのか。いくつか助言しておきたい。

1◆「ぶっ通し」と「ながら」の禁止

コンピュータは毎日二四時間、休みなく働く。それは人間にはできないことだ。だからコンピュータのまねをしてはいけない。たとえばデスクについたままで昼食をとってはいけない。Eメールに返事を書いて休憩時間をつぶしてはいけない。休憩はさぼっているのとは違う。元気を回復するのに必要な時間だ。

2◆職場と家庭のあいだに境界線を設ける

テクノロジーの進歩のおかげで、会社にいる必要がなくなり、家でも仕事ができるようになった。しかしこれは実際には、仕事から逃げることをより難しくしている。社内ネットワークを外部から遮断し、不法侵入から保護するシステムのことをファイアウォール（防火壁）と呼ぶが、職場と家庭のあいだにも心理的なファイアウォールを設けることが必要だろう。家庭生活を仕事の不法侵入から護るために。

3◆定期的に接続を断つ

携帯、ノートパソコン、机の上のパソコンなどの電源を切る。そしてゆったりと身体を伸ばし、しばしの静寂を楽しむ。

4◆常時「待機中」をやめる

映画に行くときは携帯を家に置いていく。メールや留守番電話のチェックはしょっちゅうではなく、たまにでいい。休憩は必ず時間いっぱい取って元気を回復する。そうすれば仕事に戻ったときにずっと能率が上がる。それにメールはいくらでも待っていてくれる。

5◆何もかもいますぐやることはできない

あらゆることを特急でやる必要はないはずだ。つねにそういうプレッシャーがかかっているとしたら、そしてこちらが怠けているのでないのが確かなら、テクノロジーの乱用か（不要不急の用件にも最速の通信手段を使う人が多い）、それとも組織内のプランニングと時間管理を見直す必要があるかのどちらかだ。

ＦＡＸやＥメールや携帯メールならぎりぎりでも間に合うからといって、それを習慣にしていいわけではない。前もってプランを立て、希望するスケジュールを明確にしめして、相手もプランが立てられるようにするべきだ。言い換えるなら、可能なかぎり、緩いペースで行けるような選択をするべきだ。

まとめ

◆自分はどういう状況からストレスを受けがちかを分析する。締め切りが迫ったときか、それとも上司や顧客などから圧力がかかったときか。ストレスのタイプがわかると早いうちに手が打てる。

◆ストレス解消の方法は人それぞれだ。かんしゃくを起こすことで自分のストレスは発散されるかもしれないが、周囲の迷惑になる。感情の爆発を抑えることを自己訓練によって習得する。

◆身体に気をつけて健康でいることで、ストレスを感じることは少なくなる。

◆ストレスに対して即効性のある対処法はちょっとした気分転換などのリラクセーションをすることである。場所を変えたり、仕事のペースを変えたり、ときには空想にふけることも効果的なリラクセーションになる。

◆軽い運動で身体を動かすことは、ストレス解消にかなりの効果がある。

◆多くの医師が笑うことをストレス解消の手段として推奨している。ユーモアと笑いを大切にする。

◆過大なストレスで自分の力では立ち直れないときは、専門家に助けを求める。

◆問題を避けて通らず、計画的に解決することによってストレスを軽減できる。

◆コンピュータは二四時間休みなく働くことができるが、人間にはできない。ハイテク社会におけるストレス軽減ための方法を意識する。

第7章 燃え尽きを防止する

今日の職場では「燃え尽き」は少しもめずらしくない。だがそれは、クサクサしたりウンザリしたり、もうやりきれないと思う日が一日や二日あるというのとはまったくの別物だ。仕事をしていれば、荷が重すぎるとか、飽き飽きしたとか、誰にも認めてもらえないと思うような日は誰にでもあるものだ。必死で時間をやりくりして、やるべきことを全部やり遂げても、ほめてもらえるどころか気づいてさえもらえず、すっかりやる気が失せることもあるし、出社するのにものすごい決心がいることもある。

そういう職場のストレスと燃え尽きとは同じではない。燃え尽きは慢性的なストレスが原因のこともあるが、たんなるストレス過多とは違う。ストレスのときは大いに気がもめて、さまざまに思いわずらうが、燃え尽きになると、改善への望みをまったくもたなくなる。どうしたいとも、どうなりたいとも思わなくなる。

人間は電球とは違う。電球は明るく輝きつづけ、ふいに消える。いきなり燃え尽きる。人間は徐々に、たいていは知らないうちに燃え尽きていく。燃え尽きが心筋梗塞や胃潰瘍などの身体症状を招くこともあるが、ほとんどは心理的な問題になる。意欲、活気、欲求を失い、それがいろいろなかたちを取る。仕事をする気がせず、同僚とやっていけず、上司を信じることもできず、毎朝職場へ出るのが嫌でしかたがなくなる。

燃え尽きは過剰なストレスでも起きるが、原因はそれだけではない。挫折の結果のこともある。約束を破られたとか、予定されていた昇進や昇給が見送られたとか。リーダーや経営者は、一つまちがえば大惨事を招くような意思決定のプレッシャーから燃え尽きに至ることもある。異常な長時間労働を強いられたり、報われない仕事をしつづけた結果のこともある。

この章では職場のストレスと燃え尽きの違いを分析し、燃え尽きを避け、職場のストレスを解消して、生産性を高める道を探りたい。またテクノロジーという重荷をじょうずにあつかい、負担を軽くする方法についても提案する。

ストレスと燃え尽きの違い

ストレスとはだいたいのところ、背負うものが重すぎる状態だ。あれこれの重圧がかかって身体的にも精神的にも耐えられなくなった状態といえるだろう。だがストレス状態のときは、もしもいろいろなことが自分の思いどおりになったら、きっとらくになるだろうと想像することができる。ところが燃え尽きになると、心が空っぽになり、何をどうしたいとも思わず、何もかもどうでもよくなる。燃え尽きに至った人たちは、自分の状況が好転するという期待をまったくもたなくなる。ストレス状態を対処能力が溺れつつある状態とすれば、燃え尽きは完全に干上がってしまった状態だ。

職場で見られる通常のストレス状態と燃え尽きの違いは、つぎのようになる。

◈ストレス状態

- 切迫感、過度に活動的
- 活力の喪失
- 不安症、神経衰弱を招くおそれ
- 胃潰瘍、十二指腸潰瘍、心筋梗塞などの身体疾患を招くおそれ

◈燃え尽き

- 無力感、絶望感
- 意欲の喪失
- 孤立、うつを招くおそれ

- 主として情緒面のダメージ
- 生きる意味がないと感じる
- つぎのような態度がよく見られる

「職場に出ても、一つもいいことがない」
「仕事で気をもむのはエネルギーのむだ」
「私の一日はくだらない仕事や嫌な仕事ばかりで終わる」
「一日が終わると私はへとへとだ」
「私の努力など評価する人はどこにもいない」
「上司は私に途方もない目標を押しつける」
「私はみんなから要求されるばかりだ」
「私がここにいるのは生活費のためだけだ」

燃え尽きを回避する

仕事が原因の燃え尽きを阻止するいちばんの方法は、その仕事をやめ、べつの仕事をすることだ。それはときには転職や、人生の方向転換を意味する。だから多くの人にとっては最後の手段であって、気軽に選べる道ではない。自分のストレスレベルと負荷が燃え尽きに移行しつつあることに早いうちに気づき、予防的な措置を取るほうがはるかに現実的だろう。つぎのような方法がある。

◆期待される職務を明確にする

上司や監督者とともに職務上の義務、責任を検討し、職務記述書《ジョブディスクリプション》を改訂してもらう。話し合いのなかで、ふだん自分に期待されている仕事が職務記述書に記されていないのを指摘できれば、働きすぎや範囲外の仕事をしていることが証明でき、要望が通りやすくなるかもしれない。

◆異動を願い出る

ある程度大きい職場なら、べつの勤務地、支店、部署などへ異動できるかもしれない。景色が変われば気分も変わる。

◆仕事の内容を変えてもらう

長期間同じ仕事をしているときは、何か新しいことをやってみたいと願い出るのもいい。営業の担当区域を変えてもらうとか、新しい企画に参加するとか、それまでとは異なる役職につくとか。

◆休暇を取る

燃え尽きが避けられないと思われるときは、しばらく仕事から完全に離れる。有給休暇を使って旅行や保養に行くか、休職を願い出る。何らかの手を打たないと、その状況から抜け出すことはできない。時間がかかっても充電し直して、立ち直りをはかる。

頭が疲れたら、身体を動かす

身体が疲れたら休息を取ればいい。だが今日の職場では、たいてい身体より頭や心のほうが疲れている。コンピュータを使う人や、神経をすり減らすような仕事の人は、軽い運動などで身体を動かすことが疲労とストレスの緩和になる。昼休みに少し散歩するだけでもいいし、水泳やジョギング、仕事帰りにジムに立ち寄るのもいい。

職場にエクササイズルームがあれば、昼休みや帰宅前にエアロバイクやウエイトマシンなどが使えるだろう。習慣的に運動している人は、精神的な疲労が少ない。

燃え尽きそうな人を助ける

部下や同僚が燃え尽きのサインを出しているのに気づいたら、回復を手助けしなければならない。私たちにできるのは、つぎのようなことだ。

◆**支えになる**

話をじっくりと聴き、そうすることで心から心配していることを伝える。その人が何に苦しんでいるのかを理解し、全体像をつかむ。

◆**職場環境を変える**

その人の職務を変える権限があるときは、異なる仕事を割り当てるか、他の部署へ異動させて職場環境を変える。気分が一新して意欲がわくことがある。

◆**新しいスキルを獲得する機会を与える**

これは燃え尽きを招いた状況から学習や成長へと視線を移すのに役立つだけでなく、会社にとってより価値のある人材を育成することになる。

これらの対策を取っても改善が見られないときは、専門のカウンセリングを受ける必要がある。

仕事が多すぎるとき

リーダーの役割は、スタッフがその力量を十分に発揮できるような職場環境を確保することだ。スタッフが疲れて、燃え尽きに至るようなことがあれば、生産性が落ちることになる。事業規模の縮小や組織再編のあとは、とりわけそういうことが起きやすい。人数が減って、一人ひとりの労働時間が長くなり、激務になるからだ。

まず、グループの抱えている仕事を徹底的に分析する。各プロジェクトにスタッフの一人ひとりがどれだけ時間を使っているかを調べる。つぎにそれらのプロジェクトが部門の目標達成にどれだけ重要かを判断し、スタッフとともに優先順位を再検討する。重労働にならないように要領よく働くにはどうしたらいいかを彼らとともに考える。

こうした分析をしても、まだ効率的にあつかえる以上の仕事をグループが抱えていると感じるときは、出来高を調べて、グループとしての優先順位をつけ直す。とくに時間を食うような仕事は、他より重要度が低ければ延期を考える。よそのグループに仕事をまわすことや、応援を頼むことも考える。

協同関係にある他のグループや部門から仕事を急かされることがある。そのときは相手側のリーダーと話し合い、スタッフの負担が増えないようにスケジュールを調整する。合意に至らないときは、両方のグループを監督する上司に相談する。

予定外の仕事を買って出たために、グループの負担が増えることがある。よそからそういう要請があったときに、断るのを遠慮する必要はない。スタッフにもそれぞれの優先順位をはっきりと認識させ、もし彼らが目下抱えている業務以外の飛び入りの仕事を断ったとしても、それは決して怠慢でも非協力でもないことを言明しておく。

燃え尽きへのプロセス

燃え尽きに向かいつつある人は、つぎのような特徴をしめす。

◆手がけている仕事のために身体的、精神的にむりな重労働をする。
◆手がけている仕事の要求に応えるために、個人的欲求、家族、それまでたずさわってきた他の活動などを無視する。
◆社会的接触が極端に減る。
◆しばしば常軌を逸した行動を取る。
◆生きることを空しいと感じる。
◆重いうつ状態に陥る。

自分が、あるいは部下や同僚が、こうした燃え尽きの兆候のいくつかをしめしはじめているのがわかったら、大事に至る前に急いで対策を取らなければならない。前掲の「燃え尽きを回避する」「燃え尽きそうな人を助ける」を参考にしてほしい。燃え尽きには個人でも組織としても、いろいろな方法で対処できる。仕事内容の見直しや調整、組織内で手助けするだけでも燃え尽きにつながる問題の多くが軽減できる。

従業員に権限をもたせる

従業員が自分の仕事のやり方にいくらかでも権限をもつと、燃え尽きに至ることが少なくなる。仕事の進め方、ノルマ、日程などの決定に従業員が参加できるようにしている会社は、そのプラスの効果として士気の向上、常習欠勤と離職の減少、生産性の向上などにくわえ、ストレスと燃え尽きが大きく減少したことを報告している。

◈自分の仕事についてできるだけ学ばせる

従業員に自分の仕事のことを学ばせるには、それぞれの素質や関心に合った持ち場に配置し、教育して仕事に習熟させることが第一歩になる。

サルは入社と同時にメールルームに配属され、受付と配達を割り当てられた。仕事は単調で、退屈で、彼は毎夕、重い頭痛を抱えて帰宅するようになった。挫折感がつのり、気分が落ち込み、やがてうつ状態に陥った。退職したいと思ったが、家族を養う必要があった。そんなある日、コンピュータ室へ資料を届ける仕事があった。学校でコンピュータを学んでいた彼は、その職場の業務についてスタッフと言葉を交わした。その様子を見ていた室長のアルは、サルがコンピュータに深い興味をもっているのに気づき、彼を自分のところへ異動させてほしいと人事の担当者に要請する。アルは部下になったサルに、機器とソフトウェアについて徹底的に学ばせた。数カ月もすると、サルは部内の誰もかなわないほど知識をたくわえ、仕事が大好きになっていた。自信がつき、毎日が楽しかった。頭痛はいつのまにか消えていた。

◈決定に参加させる

管理職と従業員の「協同体制」が、何年か前から行動科学の専門家に推奨されている。従業員が自分の仕事にかんする決定に参加できると、その決定を成功させることに熱心になり、目標達成への抵抗感が減ることが証明されている。

決定への参加がきわめて効果的なことが明らかなのが、生産ノルマの設定という領域だ。ノルマは多くの職場にとって不可欠な要素だ。工場なら時間当たりや一日当たりで生産量を割り当てられる。文書作成やデータ入力にもノルマはあるし、販売員にも週間や月間で達成すべき数字がある。数字の設定は、ふつう上司や管理職が行なうが、実際に仕事にたずさわる人々がそのプロセスに参加することで、結果が向上する。

スタッフに目標値を設定させると、容易に達成できるような低い数値になるのではないかと管理職は心配するかもしれないが、必ずしもそうはならない。必要条件や日程などの重要な要素を管理職とスタッフがいっしょに検討すれば、妥当な数値が設定されるし、管理職が一方的に決めるより高い数値が提示されることもめずらしくない。設定に参加したスタッフにとっては、その数値はフェアなものなので、達成への熱意はおのずと高まる。

◆改善を提案させる

たいていの人間は、自分の提案やアイディアが真剣に検討されると、仕事になにがしかの支配力をもっているという気持ちになる。自分の提案がすべて採用されるなどとは誰も期待しないが、意見を考慮してもらいたいとは誰もが思うものだ。

新しいアイディアを出すことをスタッフに奨励してほしい。出されたアイディアを客観的に評価し、実行可能なものなら、さっそく試すといい。結果がどうだったか、役立ったかどうかを提案した本人に伝えることも大切だ。アイディアを採用する場合には、報奨も必要になるだろう。

人生に退屈しているって？
だったら何かこれと思う仕事に全力で取り組んでみることだ。
その仕事を命がけでやってみよう。
そうすれば、思ってもみなかった喜びに出会えるだろう。
デール・カーネギー

従業員支援プログラム

ＥＡＰ（Employee Assistance Programs）と呼ばれる従業員支援プログラムは、従業員がストレスの原因に取り組むのを手助けする制度である。ストレスや燃え尽きの兆候が見えたときに、カウンセリングなどの精神的な支援サービスが受けられる。本人が自分で申し込んでもいいし、監督者から本人に利用を提案してもいい。

ＥＡＰが役立つためには、従業員が安心して相談できるように、話し合われた内容が完全に秘密にされること、またこの制度が心の問題の解決を手助けするもので、決して人事管理の手段ではないことが保証されなければならない。

ストレス管理トレーニング

近年多くの企業がＳＭＴ（Stress Management Training＝ストレス管理トレーニング）と呼ばれるプログラムを導入し、従業員のストレス対策や燃え尽きの回避に役立てている。カウンセラーなどの専門家を招いてストレスや燃え尽きについてのセミナーなどが開かれており、従業員が自分で症状を見つけたり、燃え尽きに移行する前に回避の対策が取りやすくなるといった予防的な効果を上げている。プログラムによっては必要に応じて個人カウンセリングも受けられる。

燃え尽きないために心がけること

◆「ものを考える時間」をとっておく。
◆このままでは限界を超えると思ったら、その時点で思い切った策を取って負担を減らす。
◆手に余るほど多くの仕事を引き受けない。
職場にはたいてい「職務記述書」があり、誰にどんな仕事が期待されているかが明記されている。しかし実際には同僚から手伝いを頼まれることも、予定外の仕事を買って出ることもある。それらを引き受ける前に、自分がいまどのように時間を使っているかを分析する。燃え尽きを避けるには、自分の時間を最も望ましいかたちで使うこと、自分の目的達成にとってあまり意味のないことは、多く引き受けすぎないことを学ぶことである。
◆たいていの人は職場以外にも、教会や地域や趣味の世界などに活動の場をもっている。そうした活動は大事だが、そこに注ぐ時間にも限界を設けなければならない。仕事に費やす時間といっしょになるとむりが生じ、燃え尽きに至ることがある。ふだんの生活のなかに自分のための防衛境界線を設けて、自分を「減らすのではなく満たす」活動を賢く選択することだ。

◆ペースを落とす。急がない。

速いのはよいことだ。より速いのも結構だ。だが速すぎるのはいけない。速さを重視しすぎれば仕事の質が犠牲になるし、自分だけでなく他人にもストレスがかかる。

◆人間を好きになる。

人間関係を大事にして、心の通う友人同士のネットワークを築いてほしい。よき友人をもつことは、健康に長生きするための大事な要因であることが研究で証明されている。人材サービス会社HRソリューションズのCEOをつとめるケヴィン・シェリダンは、職場の同僚に満足できることの重要性が見落とされていると力説する。同僚と友人になれば、おたがいを気づかう温かい空気が生まれ、それによって燃え尽きが防止され、仕事への意欲と忠誠心が高まり、離職が減る。胸のつかえを吐き出せる人、成功や失敗を分かち合える人が身近にいれば、燃え尽きに至るリスクはほとんどなくなる。

テクノロジーを手なずける

電話、携帯、Eメール、FAX、そういうものはすべて強引に即座の対応を要求する。おかげで私たちは四六時中急き立てられ、追い立てられてきりきり舞いだ。こういうテクノロジーのおかげで仕事がらくになるどころか、往々にして仕事の奴隷になっている。時間を節約するという触れ込みのこうした機器たちは、本当は時間をどんどん食いつぶしているモンスターなのかもしれない。テクノロジーを敵ではなく味方につけるには、これらを手なずけ、飼いならす必要がある。

ここで、機器を手なずける八つの方法を伝授しよう。


1◆ときには接続を断つ。集中が必要なときは、携帯の電源を切り、パソコンをシャットダウンする。または機器が一切ない静かな部屋へ行く。

2◆Eメールに返信する時間を決め、そのスケジュールを守る。

3◆Eメールの着信音は消しておく。

4◆Eメールの自動受信の間隔を大きくあけてタイマーを設定する。

5◆ボイスメールの応答メッセージを、こちらの都合がわかるものに変えておく。Eメールにも「ただいま出張中です」というように自動返信させる。

6◆メッセージの処理は、最初に読んだときに、できるだけその場ですます。

7◆機器より人間を優先させる。人と話をしているときは、電話はボイスメールに応答させる。

8◆携帯、パソコンの奴隷にならない。チェックする間隔を決め、そのとき以外はさわらないように自己訓練する。

マルチタスク人間をやめる

マルチタスクというのは、いくつもの仕事を抱え、並行してこなしていくようなやり方のことで、もとはコンピュータ用語だった。コンピュータはいくつもの仕事が同時進行するように設計されているが、人間はそうではない。マルチタスクは仕事がずさんになりがちで、重大なミスを招くこともあるし、何より問題なのは燃え尽きにつながることだ。

ゲイルはマルチタスク人間を自認し、いくつもの仕事を同時にてきぱきこなせるのが自慢だった。お客さんと電話で話しながら、べつのお客さんからもらった問い合わせのメールに返事を書き、その片手間に携帯を操作して、何か情報を取り込んでいるという具合だ。会議に「参加」しながらノートパソコンでメールをチェックしたり、息子に返信したりもした。だがあるときから頭痛と吐き気につきまとわれる。何か病気にかかったのではないかと心配して診察を受けると、思いがけないことに、燃え尽き寸前であることを告げられた。

いくつもの仕事を同時にこなせる人は大勢いるが、心と身体の許容量には限界がある。燃え尽きを避けるには、自分にはどれだけのことがなし遂げられるかを認識して、それに応じた目標を立てることだ。多すぎる量を短すぎる時間でこなそうとすると、往々にしてこなせた量は少なすぎ、時間はかかりすぎ、出来はさんざんということになる。

まとめ

燃え尽きは、職務上の過大な要求に応えようとして起きる職場の病気の一つである。たとえば締め切りに間に合わせようとか、法外なノルマを達成しようとか、あるいは気難しい上司に気に入られようとしてむりな働き方をするとか、極端なプレッシャーのもとで働くことが要因になる。燃え尽きのリスクを減らす方法をここにいくつかまとめてみよう。

◆「社内で仕事を変わる」。大きい会社ならいろいろな選択肢があるだろう。いま働いているのとはべつの部門やエリアでどんな可能性があるか、ふだんから注意しているといい。

◆「心の通う同僚を見つける」。手柄や喜びだけでなく、苦労や挫折も話し合える同僚がいると、ストレスをためずにすむ。笑いのツボの同じ人間や、無条件で信頼できる人を見つけるといい。

◆「短期的な企画を探す」。長期間同じ仕事をしていたり、同じ問題を抱えていたり、同じ仲間と組んでいたりすると、情熱や興味が薄れ、燃え尽きの始まりになることがある。機会があれば短期的なプロジェクトにたずさわり、違うチームで働く。

◆「教育や訓練を受ける」。燃え尽きにつながりそうな持ち場から他へ移れるチャンスのない会社も多い。新しいスキルを身につけることで、もっと興味のもてる部署へ変われる道が開けることもある。

◆「仕事に誇りをもつ」。重要な仕事をしているという誇りをもつことである。自分の仕事が組織の成功や顧客との関係づくり、あるいは地域の福祉にどれだけ貢献しているかを認識する。

◆「放っておかない」。燃え尽きの兆候に気づいたら、仕事に支障が出るまで放っておいてはいけない。目下の仕事のやり方を大きく変える必要がある。人事の担当者と話をして、どう変えられるかを早急に検討する。燃え尽きを回避し、元気を取り戻して、より幸福で生産的な従業員になることである。

第8章

タイムマネジメント

職場のストレスの大きな発生源が、時間のプレッシャーだ。締め切りに間に合うようにとか、スケジュールどおりに仕上げなければならないとかで、私たちはつねに時間に追われている。急ぎの仕事をしているときにいろいろなじゃまが入り、はかどらなくなっていらいらすることも多い。時間に追われるのを避けるには、時間をじょうずに使うことだ。時間を生産的に使う努力、タイムマネジメントは目標の設定から始まる。明確な目的があれば、それに照らして事の重要性を測ることができる。

達成したいことが明確でないかぎり、時間をうまく使えているのかどうか判断する方法がない。職場では、何をするときにもこう自問するべきだ。「私のしていることは目標達成に役立つことか?」。答えが「ノー」なら、時間をむだにしていることになる。

といっても、あわてなくていい。答えは「イエス」より「ノー」のほうがずっと多いだろう。それは職場では、生産的でない仕事を求められることがよくあるからだ。たとえば大きな組織では、自分のしたことが他の人にもわかるように記録を残すことが求められ、それに法外な時間が費やされる。これは管理上は重要かもしれないが、生産性には少しも寄与しない。時間をもっと有効に使うには、自分のしていることが目標に結びついているかどうかをまず判断することだ。もしも結びついていなければ、それをやめられないかどうかを検討する。やめられないとわかれば、それにかける時間を減らす。そうすれば真に生産的な仕事に時間をつぎ込める。

明確な目標を設定する

目標をただの絵空事にしないためには、具体的で達成可能なものにしなければならない。そして何よりも明確に表わすことが必要だ。

1◆明確に表わす

達成したいことを明瞭な言葉にする。たとえば「品質の向上をはかる」という言い方では目標としてあいまいすぎる。「今年度末までに返品数を二三パーセント減らす」というように具体的にする。

2◆区切りを設ける

達成の見通しが立つような目標でなければ、設定する意味がない。長期的な目標は中期、短期の目標に分割すると達成しやすくなる。たとえば——

長期目標：社員の健康管理の新しいプランを一二月末日までに作成する。

中期目標：候補となるプランについて六月末日までに情報収集を完了する。

短期目標：現行プランの分析を一月末日までに完了する。

3◆個人の目標を組織の目標に合わせる

自分の目標や部署の目標が、会社のそれと一致していなければならない。さもないと何をやっても時間のむだになる。自分の目標がどんなに立派でも、組織が求めることをやらないかぎり生産性に寄与しない。

4◆調整を可能にする

設定した目標が達成不可能になることがあるが、あきらめることはない。何が問題なのかを分析して、必要な調整をすればいい。

5◆現状に甘んじない

目標が達成されたら、直ちにつぎの目標を設定して努力を続け、さらなる向上と成長をめざす。

時間の使い方を分析する

日ごろ時間をどう使っているかをつかむには、記録をとって分析する。簡単なやり方は、一労働日を一五分ごとに区切った表をつくり、その一コマごとに、そのとき何をしていたかを書き入れていく。これを何日か行なう。連続した日でないほうがいい。同じ企画にたずさわる日が数日続くこともあるからだ。週に二日ほどの記録が三週間分ぐらいあれば、日ごろの時間の使い方がかなり正確につかめるだろう。

この記録を調べれば、タイムマネジメントの大事なことがよくわかる。同じ仕事を二度やったり、余計な書類をつくったり、不必要なほどチェックをくり返したり、くだらない世間話につき合ったりして非生産的な活動にどれだけ時間のむだ遣いをしているかがわかって、たいていの人がショックを受けるだろう。それにこういう分析をすると、仕事中にじゃまが入って中断を余儀なくされることがどれだけ多いか、またそのじゃまがどこから入るかという重要なことがわかる。

困るのは、日中忙しすぎて、記録用紙に記入するのを忘れることだ。もちろん一五分ごとに記していくのに越したことはないが、仕事に没頭していたら、あとで記入すればいい。思い出す手間もかかるし思い出せないこともあるが、完全に正確であることよりも、自分がどう時間を使っているかがはっきりわかることのほうが大切だ。

さて、時間をできるだけ生産的に使おうとすると、ストレスのタネとなるいろいろな問題にぶつかる。つぎはその問題のいくつかと、克服の方法について考えたい。

難しい仕事から手をつけなさい。たやすい仕事は放っておいても片付く。
デール・カーネギー

不測の事態に備える

どこの職場でも、一日のうちには思わぬことが必ず起きる。小火《ぼや》が起きて消火する。コンピュータがいきなり故障。上司は余計な仕事を引き受けてくるし、部下は問題をもち込むし……。これらは起きてもしかたのないことではあるが、何が起きるか、いつ起きるかは誰にもわからない。

こうした厄介事にスケジュールを台無しにされるのを避けるには、不測の事態を処理する時間をあらかじめ組み込んでおくことだ。前項に記したように、ある程度の期間にわたって一日の活動を分析すれば、予期せぬ出来事に対処するのに日々どれだけの時間が費やされているかがわかるだろう。たとえば、ごく平均的な労働日の八時間のうち、二時間がそういう緊急事態の処理に使われていたら、一日を六時間と考えてスケジュールを立てる。そうすれば想定外のことも想定内となり、ゆとりをもって対応できる。

またどれほどうまくスケジュールを立てても、そのとおりに事が進むことはあまりない。入念な計画をぶち壊そうと、災難はいつでも待ち構えている。そういう時間泥棒に気づいていれば、貴重な時間をむだにすることがずっと少なくなり、その分有効に活用できる。

仕事を先延ばしにする癖と対策

さしたる理由もないのに仕事を先延ばしにするのは、時間を生産的に使ううえで最もよくある問題の一つであり、ストレスの発生源になる。この癖に悩まされている人は大勢いるが、なぜ先延ばしにするかは、人によりさまざまだ。

◆◆◆嫌いな仕事を後回しにする

カルは担当する企画が一つだけなら問題ない。だがいくつか抱えると、好きでないものは、たとえ重要度が高くて優先すべきものであっても後回しにしてしまう。

カルに似ている人は大勢いる。もしも重要度がほぼ同じ仕事が二つあったら、どっちを先にするだろう？　ほとんどの人が、好きなほうの仕事から手をつける。だが、それはまちがいだ。実際的にも心理的にも損をする。

好きな仕事を先にすれば、嫌いな仕事があとに残る。締め切りが迫ってきて、やっと手をつけても、嫌いだからいやいややり、おそらく出来は悪い。つまり三つバツがつく――嫌々やる、出来が悪い、そして締め切りに苦しむ。三つストライクを取られて、これはアウトだ。しかし嫌いな仕事がすんでいれば、たとえ日にちはなくても好きな仕事で勝負できる。出来はいいはずだ。締め切りに苦しむのは同じでも、結果は大いに違う。

心理的にマイナスなのは、嫌いな仕事を後回しにすると、好きな仕事のほうも楽しめなくなるからだ。「これがすんだら、あのウンザリな仕事が待ってるんだ……」と暗い気分で働かなければならなくなる。もし嫌いなほうから手をつければ、好きな仕事を楽しみにしながら働ける。

大した仕事ではないように見えても、惜しみなく全力を注ぎなさい。
一つやり遂げるたびに、それだけ力がついていく。
小さい仕事がうまくこなせれば、
大きい仕事がひとりでに片付いていくだろう。

デール・カーネギー

失敗が怖い

失敗が怖いというのは、仕事を先延ばしにする大きい理由だ。キムがいい例で、仕事に自分から手をつけることがまずできない。いろいろな言い訳をして先送りしようとする。怠け者といえばそれまでだが、たぶん無意識の理由がある。仕事をするのがただ嫌というよりも、ちゃんと仕上がらないのが嫌で、逃げているらしい。

キムはリスクを負うことができない人なのだ。だから上司からせっつかれるまで腰を上げようとしない。指示されたことに少しでも疑問があれば、これまた完全に納得がいくまで絶対に手をつけない。表面的にはもっともな理由かもしれないが、キムの場合は自分の能力にもっと自信がもてないと、先延ばしの癖は直らないだろう。

取りかかりが遅れる

パティはいつも締め切りに遅れる。それが上司の悩みのタネだ。彼女は毎朝そうとうな時間をかけて念入りに「職場環境」をととのえる。書類の山をひっくり返して一から分類し、ファイルにはそれぞれ細かく色分けしたラベルを貼る。そうやって準備万端ととのうと、コーヒーを飲みにいき、同僚としばしのおしゃべり。それからやっと仕事に取りかかるという具合だ。

上司はパティの人事考課で、改善の必要な項目に締め切りを守ることをあげ、もっと手早く、要領よく仕事ができるように努力してほしいと指導した。だからパティは手早く、要領よく仕事をするように真剣に努力しているのだが、締め切りにはまだ遅れる。なぜか？　パティも上司も、締め切りに遅れるという現象しか見ていないからだ。遅れる本当の理由、すなわち取りかかるのが遅すぎるという点に目を向けるべきだ。もっと早く取りかかれば、それほど必死にならなくても締め切りに間に合うだろう。

これを克服するには、時間配分を見直すことが必要だ。そうすれば環境整備と称して時間がむだ遣いされているのがわかるだろう。パティが言うように、職場の整理整頓は能率よく仕事をするのに不可欠かもしれないが、ものには程度がある。パティはそこまで手をかけずに、必要で十分な準備をする方法を学ぶべきだ。

その方法の一つは、仕事を割り当てられたら、最終的な締め切りだけでなく、区切りのよいところでいくつか中間締め切りを設定することだ。パティにとって最初で最重要の締め切りは、環境整備の締め切りだろう。そうやって時間を割り振っていけば、準備に必要な時間もわかり、時間のかけすぎにも気づく。

締め切りに間に合わないのは、仕事のしかたが遅いのではない。取りかかるのが遅いのだ。

ディックも取りかかりが遅れるせいで、締め切りに遅れる。彼の場合はこうだ。ある日、上司からプロジェクトを割り当てられる。締め切りは八週間後。するとディックは「八週間後か、ずいぶん先だなあ」と思い、他の急がない仕事といっしょに引き出しに放り込む。二、三週間経ったところ、一度それを取り出してながめ、「まだ時間はあるな」と、ふたたび引き出しにしまう。そしてある日、ふと思い出して取り出してみると、なんと締め切りギリギリではないか。もう一刻の猶予もない！

時間にゆとりのある仕事を割り当てられても、プランは直ちに立てる。他の仕事とどちらを優先させるか、必要な情報や機材が手もとにあるかどうかを検討する。以前の経験をふまえて、どんな問題が発生するかも考え合わせ、いつ取りかかればいいかを判断する。六週間かかるプロジェクトだと見積もったら、それに合わせて開始日を決め、できればその時点で区切りごとの中間締め切りも設定してしまう。

そこまでやっておけば、あとはもう開始日がやって来るまでその仕事のことは忘れていればいい。たとえば来月の一日がその日だったとしよう。一日になったとき、カレンダーを見ると、今日があの仕事に取りかかる日だということがわかる。で、さっそく取りかかる――というのは先延ばしをする癖がなければの話だ。思いつくかぎりの言い訳をならべて、取りかかるのを延期しようとするだろう。そのときちゃんと取りかかれるように、誰かお尻を叩いてくれる人がいるといい。

誰にお尻を叩いてもらうのがいいか？　上司でないのは明らかだ。それは賢い手ではない。部下の誰かというのもうまくない。同じように先延ばしをする癖のある人を見つけ、その人にお尻を叩き合うパートナーになってもらうのがいちばんだ。パートナーとおたがいの予定表をコピーして交換する。そうすれば来月の一日になったとき、彼か彼女がやってきて、こうたずねてくれるだろう。「例のプロジェクトには、もう取りかかった？」「まだだよ。他にいろいろやることがあるからね」「ぐずぐずしない！　すぐに取りかかるのよ！」とパートナーは厳しく言い立てるだろう。その人にも同じことを言ってあげるといい。

◈◆◈自分にご褒美をあげる

もう一つのやり方は、自分にご褒美をあげて励みにすることだ。キャロルには成人後の人生に影を落としてきた悪い癖が二つあった。一つは、さっさと仕事に取りかかれないこと。もう一つはダイエットが続かないことだ。誘惑に負けて、つい甘いものに手を伸ばす。「好きなものは好きなんだもの、しょうがないわよ」と。そして自己嫌悪に陥る。

彼女は一念発起して、この二つの欠点をいっしょに解決することにした。仕事に予定どおりに取りかかって中間締め切りに間に合ったら、その日は甘いデザートを食べてもいいというルールだ。「仕事が多すぎるわけじゃない。だからルールは十分に守れるはずよ。それにこれからはカレンダーを見たときに、いますぐ仕事を始めれば、今夜はデザートが待っているって思えるわ！」

ご褒美は食物でなくてもいい。だが自分にご褒美を約束すれば、欠点を克服する努力がだいぶらくになる。

部下の「先延ばし」を助長してはいけない

火曜日の朝、カレンが部下のナンシーに仕事を割り当てた。「これはあなたなら五、六時間でできる仕事だけれど、金曜日の昼までに仕上げてくれればいいわ」。問題は、それがナンシーの大嫌いな仕事だったということだ。

木曜日、カレンは念のためにたずねた。

「ナンシー、あの仕事はどこまで進んだの？」

「あれにはまだ取りかかっていません」

「何ですって、まだ取りかかってもいないの？」。カレンは信じられなかった。

「前からやっていることがまだ終わらなくて……」

カレンはあわてた。「あの仕事は返してちょうだい、アマンダにすぐ頼まなきゃ」

ナンシーはカレンからこういうメッセージを受け取ったことになる——嫌いな仕事には手をつけなくていい。いずれ上司がよそへ回してくれるから。カレンはナンシーにこう告げるべきだった。「いまやっていることは、すぐやめなさい。それはアマンダに仕上げてもらうから。あなたはあの仕事にすぐ取りかかるのよ」。ナンシーはたぶん考えを変えるだろう。

トラブルのない仕事はない

仕事を割り当てられたハリーは、それがじつに厄介なしろものであるのがわかった。前に同じようなプロジェクトに取り組んだときに、問題が続出して大変な目に遭ったのだ。あんな思いをするのは二度とごめんだと思い、着手するのを一日延ばしにのばしながら、企画が中止か延期になることを願った。しかし望みはかなわず、ついに重い腰を上げたときには、複雑な問題にじっくり取り組む時間はすでになくなっており、とうとう締め切りに間に合わなかった。

どんな仕事にもトラブルは生じ、想定外の問題が起きる。それを災難と思わずに、腕試しのチャンスと見ることだ。またスケジュールを立てるときに、そうしたことも考慮に入れておくべきだ。

ナオミが同様の厄介な仕事を請け負ったときは、かつての似たような経験をふり返り、発生の可能性がある問題のリストをつくって乗り越えるプランを立てた。難しい問題が降りかかるのを怖がって、取りかかるのをただぐずぐずと先送りするのではなく、ナオミはその時間を使って起きそうな問題を予測し、それに対処する準備をして、困ったことになるのを防いだのだ。

嫌いな仕事を好きになる

キースは三つの州を担当する地区セールスマネジャーで、ふだんは各地を飛び回り、社内にいることはほとんどない。しかし月末の三日間だけはデスクにへばりついて、複雑な販売報告書を書き上げなければならない。彼は自分の仕事のなかで、これだけが大嫌いだった。だが他人に代わってもらうことはできない。毎月決まって取りかかるのが一日延ばしにのばされた。ちょっと探せば、急ぎの仕事は他にいくらでも見つかった。そんなある日、ついに上司から、報告書が遅れるのをもう黙認できないと通告される。

「嫌い」はむろん言い訳にならない。販売報告書の作成に喜んで取りかかれるような方法がどこかにないものか？　あるとき、統計をカラフルな図表にたちどころに変換してくれるコンピュータプログラムのことを読んだ彼は、これだと思った。さっそく上司に掛け合って、報告書をこの新しいフォーマットで提出してもいいという許可を取りつける。それからというもの、彼はこの新しいテクノロジーに夢中になり、退屈で大嫌いだった仕事が、おもしろくてやりがいのあるものへと大変化を遂げたのだった。

とてもやりたかった仕事なら、

うまくいかなくなってもあきらめたり投げ出したりしてはいけない。
何か他のやり方を試すことだ。
あなたの楽器に弦は一本だけではない。
うまく音が出るのを見つければいい。

デール・カーネギー

未処理箱を処理する

毎朝、職場で待ち受けているのが「未処理箱」だ。これはたいていの人にとって最も手強い時間食いの相手だろう。デスクの上の箱であれ、パソコン内のそれであれ、そこにはいつも各種の届や通知、報告書のたぐいがどっさり溜まっている。やっと先が見えてきたと思ったとたん、また新しい書類やメールが到着する。

デスクの箱があふれていたり、「未読」のメールが延々と並んでいるのを目にするだけでもうんざりするが、そこへ追い討ちをかけるように「新着」が押し寄せてくれば、もうお手上げという気持ちになる。そんなときのためにいくつか助言しておこう。

◆優先順位をつける

　仕事を能率よく片付けるには、優先順位をつけることだ。これは言うのは簡単だが、行なうのは案外難しい。優先順位が高そうに見えても、上司の目からはさして重要でないものもある。私たちの手がける作業の重要度を判断するには、まず上司が何を求めているかをはっきり理解することだ。

　マネジメントの専門家は、仕事をA、B、C、Dにランク分けすることを勧めている。Aは最も重要なもの。Bはそのつぎのランク、Cは日課や定例の仕事。その他はすべてDに分類される。しばらく放っておいてもいいものや、人に頼めるもの、あるいはまったく無視してかまわないものなどだ。

　たとえばダイアンは毎朝出社すると、デスクの上の書類と溜まったEメールにざっと目を通しながら、優先順位を判定していく。注文の変更にかんする顧客からの手紙やEメールはAランクに。納入業者からの新製品にかんする留守番電話のメッセージで、興味を引かれるものはBに。「月間売り上げ報告書」はCに。その他パンフレットや会報や、ダイレクトメールのたぐいはすべてDランクに分類する。この作業は一〇分足らずですんでしまうので、あとはA案件の処理に集中すればいい。そしてAがすっかりすんでからBの処理に移るというのが毎日の手順だ。

◆通信手段ではなく内容に注目する

未処理箱の中身を分類していると、ＦＡＸで送られてきたものが二通あり、ダイアンは思わずそれらを優先順位の高いほうへ分類した。ＦＡＸで来たからには、きっと相手は急いでいるのだろうと。だがそのとき、優先順位についてのセミナーで学んだことを思い出した。そうだ、重要かどうかは送り方でなく、内容で判断しなければならない。

コミュニケーションの専門家、マーシャル・マクルーハンは、「媒体」に惑わされてはいけないと警告する。情報を受け取る手段ではなく、メッセージそのものに注目すべきだと。Ｅメール、携帯メール、ＦＡＸといった特急の手段で受け取ったからといって、通常の手段で配達されたものより重要だとはかぎらない。最近では定例の通信にもそういう高速の方法を使いたがる会社や人がとても多い。内容を読んで、本当の重要性に従って処理することだ。

◆割り込みに注意する

さて、優先順位をつけ終えたダイアンは、ランクＡの処理に取りかかった。パソコンのディスプレーに向かっていると、たびたびメールの受信を知らせる信号音が鳴る。ダイアンほど訓練された人間でなかったら、そのたびにすべてを中断して新しいメールに飛びついていただろう。ダイアンは事情が許すかぎり、一つの仕事を完了させてしまうまで他のことには手をつけないように自分を訓練している。上司の電話や来客などで中断を余儀なくされることも多いが、追加の書類やＥメールなら、たいていいくらでも待たせられる。

最初の仕事が完了すると、ダイアンはふたたび新着の文書に目を走らせ、すばやく分類した。もしもそれらのなかに急を要するものがあれば、すでに分類のすんだものより高い優先順位を与えなければならない。

未処理箱や未読メールのボックスを空にできたためしがないと嘆いている人が大勢いる。「やっと目鼻がついたと思ったとたんに、どっさり投げ込まれるんだから」。残念ながら、それがふつうだ。どこの会社でも、平社員であれ管理職であれ、息つくひまもないほど仕事に追われ、すべてがきれいに片付くことなどありえない。職員が増えればらくになるだろうが、それは今日のようなコスト意識が高まる一方のビジネス環境では、なかなか実現しない。私たちが賢く仕事をこなす方法を学ぶしかない。

現行のやり方を少し考え直せば、いろいろな事務処理を簡略化できるし、昨今は省略できることも多い。未処理箱をずっと手早く処理する方法を提案しておこう。

◆もらった通知の余白に返事を書いて送り返す

たとえば社内の他の管理職から、何か依頼の通知が来たら、新しい用紙を使わずに、受け取った通知の余白に返事を書いてそのまま送り返す。手もとに控えが必要なら、返事を書いたものをコピーしてファイルする。

◆返信を代行させる

文書やメールでよそから情報を求められたときに、その情報をチームの他のメンバーからもらわなければならないことがある。そういうときは情報だけもらわずに、そのメンバーから相手に直接返信してもらえば、手間と時間がそうとう節約できる。

優先順位をつけて、それを守れば「未処理箱」の奴隷ではなく、主人になれる。優先順位を正しく決めるには、媒体にまどわされず内容で重要性を判断することだ。また文書やEメールの処理方法を建設的に見直せば、時間をむだにせず、ずっと生産的に仕事ができる。

恐れずに仕事を任せる

働きすぎのストレスを避ける最良の道は、仕事を減らすことだ。信頼できる部下がいて、手際よく満足に任務を遂行できることがわかっていたら、彼らに仕事を任せるべきだ。管理職は、監督する職場のあらゆることに責任がある。しかしあらゆることを自分でやろうとすれば、たとえ毎日一二時間働いても追いつかないだろう。それでは燃え尽きや胃潰瘍、心筋梗塞、神経衰弱へとまっしぐらだ。

もちろん管理職にしかできないことも、決められないこともある。人任せにできない複雑な領域もあるだろう。それらこそリーダーの仕事だ。しかし他の多くは部下でもできるし、できることはさせなければならない。彼らに仕事を任せるのをためらうのはなぜか。そのわけを考えてみよう。

◆自分でやるほうが早い

たしかにそうかもしれないが、自分の時間とエネルギーはもっと重要な仕事に注がれるべきだ。彼らスタッフは、グループの業績に貢献できる才覚とスキルがあるからこそ雇われたのだ。仕事を任せれば、その力を発揮するチャンスになる。すなわち仕事を任せることは、自分は相応の責任ある仕事ができるし、部下には腕を磨き、実績を残すチャンスが与えられるという一挙両得のやり方なのだ。

◆その仕事はおもしろいから人に譲れない

人に任せる気になれないお気に入りの仕事が誰でも一つや二つはあるだろう。だが仕事は客観的に見なければならない。たとえ大好きな仕事でも、他に管理職としてやるべきことがあるときは、部下に譲る。

◆人に任せてちゃんと仕上がらなかったら困る

スタッフの採用、教育、スキルの育成を通して、管理職である自分は信頼できる真の

◆仕事をぐずぐずと先へ延ばさない。仕事の遅れは取りかかりの遅れである。
◆仕事に優先順位をつける。文書の重要度は、受け取った手段（郵便、Ｅメール、携帯メール、ＦＡＸ）ではなく内容で判断する。
◆人に任せる。あらゆる仕事を自分ですることはできないし、するべきでない。安心して仕事を任せられるように、有能な部下を育成する。
◆手いっぱいのときは、仕事を断ることを遠慮しない。

第9章
職場の変化を乗り切る

職場でも私生活でも、もののやり方が変わるというのは不安なものだ。長くなじんできたやり方を、ある日を境に変えろと言われる。とくに仕事ぶりをつねに上司に観察され評価されている職場では、これは悩みのタネだろう。ようやく自信がもてたころ、変えるように指示されることもある。

どう変わるかがわからなければ、もっと心配だ。新しい上司が来るときや、新しいシステムが導入されるとき、組織の再編で職場ががらりと変わるときなどは、大いに気がもめる。

変化への反応は人によって違う。自分や周囲への影響をどう感じるかが違うからだ。しかしいずれにしろ私たちは組織内の変化に順応するという課題をつきつけられる。それは心の姿勢、感情、自分自身を適応させていくことだ。

職場環境が変わるときには、ほとんど誰もが多かれ少なかれ不安をおぼえる。その変化は自分にとって有利なのか、不利なのか？　組織の運営方針が変わると、自分の将来はどう変わるのか？　これまでやってきた仕事は、これからも評価されるのか？　わからないことだらけだ。変化のときをうまく乗り切るには、不安や恐れを払拭する方法を見つけなければならない。

快適な居場所

職場には誰でもその人なりの快適な居場所がある。長くなじんできた職場や仕事には、快適に感じられて自信のもてる側面があるからだ。異なる仕事をしなければならなくなると、そこから追い出されてしまったような気持ちになる。成功する人々は、こうした居場所を追われることを何度も経験し、受け入れる。新たな経験をするときも、大きな責任を負うときも、職場の変化に順応しようとするときも。

変化を乗り切るのは容易ではない。自分の仕事についてのそれまでの考えが通用しなくなることも多い。その先果たしていく役割は、それまで考えていたものとはまったく違うかもしれない。組織が成功をめざして変化するときには、誰もができるかぎり柔軟である必要がある。それが私たちにとってはしばしば大きな課題になる。とくに、行きたくない方向へ追いやられるときや、出世の階段を逆戻りしていると感じるときには、なおさらだ。

順応性を養う

変化は心の姿勢に打撃を与える。先行きへの不安や居心地の悪さだけでなく、ときには変化にともなう現実的な問題も抱え、まったく前向きになれないことがある。またある日は変化とうまくつき合えても、つぎの日には恐れや怒りに圧倒されて、気持ちを立て直すことができないかもしれない。そうなると、変化の過程にほとんど貢献できなくなる。

仕事についているかぎり、私たちの役割と責任は変化しつづける。チームを指揮したり、会議を率いたり、ビジョンや使命を人々に伝えたりといったことは、すべて地位の上昇とともに直面していく課題だ。こうした仕事や環境の絶え間ない変化のなかでは、すぐれた順応の能力こそが、私たちの長期にわたる着実な成功を決定づけるものとして何より重要なスキルかもしれない。これからあげる原則は、職場環境の変化のなかで生産的な行動パターンを保つのに役立つだろう。

1◆期待を調節する

今年は昇進できるものと期待しているかもしれない。だが景気が悪化したり、会社が内部的問題を抱えたりしたら、期待をそれ相応に調整する必要があるだろう。昇進は来年か、あるいはもっと先と考えたほうがいい。

上司ととてもいい関係を築けたとしよう。彼女は仕事ぶりを評価してくれるし、もっと成績が上がるように励ましてもくれる。昇進につながるスキルの獲得に便宜をはかってもくれる。ところがその人が異動になり、新しい上司が来ることになった。とても難しい人だという。さて、いい関係になれるかどうか心配なところだが――心配はしなくていい。代わりにするべきことは、新しい上司の管理スタイルを把握して、それに合わせて仕事のやり方を調整することだ。

2◈変化に備え、ネットワークを築く

これは楽しくて、やりがいのある適応作戦だ。曲がり角の向こうには必ず変化が待っていると考えよう。その変化が起きたとき、誰と知り合いだったら、誰と親しかったら助かるだろう? そういう人間関係を築くことにいますぐ取りかかる。そして支え合い励まし合う広大なネットワークをつくる。

3◈辛抱強くなる

変化を迎えると、その混乱を早く終わらせたい、抜け出したいと何度も思うだろう。だが職場では、新しいやり方が定着するまでに思いのほか時間がかかることがある。変革が通達され、実施され、周辺の組織がすべて機能を調整していくには時間が必要だ。個人が職場環境の変化に順応するにも時間がかかる。

4◈冒険心をもつ

変化はチャンスととらえよう。仕事上の変化を成功への足がかりとした人々は、リスクを負うのを恐れなかった。私たちも変化のなかへ恐れずに身を投げ出して、計画し、準備し、人々を巻き込み、やがて見えてくる新たな人生の地平線に向かって道を切り開いていくべきだ。

スタンリーは品質管理の専門家として八年間勤務した。成績優秀で、部内での昇進は確実と見られていた。それでも彼は専門分野の発展に遅れまいと、業界紙をいつくも購読し、アメリカ品質管理協会の地方支部の会合などにも出席して勉強を怠らなかった。あるとき、こうした会合の一つでシックス・シグマ法のことを知る。ゼネラル・エレクトリックをはじめ、多くの会社が採用して絶大な効果を上げている品質管理の手法だ。彼はこの新手法について資料を読みあさり、会社を説得してセミナーにも送り出してもらった。二、三年して会社がシックス・シグマ法の採用を決断したとき、彼は最適任の人物として導入と管理の本部長に抜擢された。

5◆建設的な不満をもつ

「壊れていないものを直そうとするな」とはよく言われる。これは近視眼的な考えだ。あらゆる行動を改める必要はないが、自分のしていることをせめてときどきはふり返って、どう変わったら私は向上できるのか、組織は改善されるのかと自問していないかぎり進歩はないだろう。変化への努力を怠って、破壊的なかたちで不満を表わすのではなく、新しいアイディア、手法、仕事への取り組み方に柔軟な受け入れの姿勢をもつべきだ。

6◆日々新しい何かに挑戦する

「快適な居場所」から追い出されても、私たちにはできるだけ早く新しいそれをつくろうとする傾向がある。古い壁を壊して、ただ新しい壁をつくることに何の意味があるだろう？　毎日、変化に適応する新しい方法をせめて一つは試すことを自分に課してほしい。そうやって前向きで生産的な努力をすることだ。

7◆情報を求める

変化に適応するいい方法を知っている人が職場のなかにいるかもしれない。助言や提案を求めるといい。自分がうまく適応できているかどうかについても意見を求めよう。変化の時期は橋をかけるときで、壁をつくるときではない。いろいろなインプットを求めるときで、防衛的になってはならない。

アドバイスや提案を求める先は、職場のなかだけではない。情報共有のネットワークを広げることだ。ドロシーは人事部の補助職員として初めて職についたとき、人材管理協会の地域支部に入会した。そして会合のたびに、すでに知り合いになった人ではなく、初めて出会う人たちのグループに参加した。会合が終わると、その新しい知り合いの一人ひとりについてメモをつくり、ネットワークづくりのファイルに入れた。そうやって何年か経つうちに、問題にぶつかると必ずそのファイルを開き、以前に同じような問題を話し合ったことのあるメンバーを見つけて相談に乗ってもらうようになった。ドロシーが昇進するころには、これは素晴らしく広大な情報網になっていた。

何があっても希望を失ってはいけない。投げ出さず、進みつづける。成功者のほとんどはこの方針をつらぬいてきた。もちろん落胆することはあるだろう。大事なのはそれを乗り越えることだ。そうすれば世界はあなたのものだ。

デール・カーネギー

恐れずに変化と向き合う

変化を迫られると私たちはまず思う。「変わりたくない」「変わる必要がない」「変われない」、あるいはただ「私は変わらない」と。職場では、こういう態度の実例が毎日見られるし、変化の時期には蔓延する。こうした姿勢は非生産的で、成功にも、自分の役割の認識にもつながらない。変化に適応するにはこのような、自分を停滞させる姿勢と対決する必要がある。そして到来しつつある変化を喜んで受け入れられる柔軟な姿勢をもつことだ。

じょうずに変化を起こす六つのステップ

ここからの話は職場に変化への動きが生じた時点から始まる。外部から力が働いて、たとえば組織の再編、経営陣の交代、社屋の移転、吸収や合併といった大きな変化が促進されることもあるし、内部からの推進力が、テクノロジーの更新や職場の拡大、あるいは日常業務の改善といった変化を促すこともある。職場の変化を成功させるには、つぎのガイドラインに従うといい。

1◆状況を分析する

提案された変化にともなう利益とリスクを徹底的に分析する。つぎのように問う。

a◆変えることによる潜在的な利益は何か。
b◆コストはどれだけか。
c◆変えることによるリスクは何か。
d◆変えないことによるリスクは何か。

2◆プランを立てる

利益がリスクを上回ると判断されたら、実施のプランを立てる。組織的な改革は、綿密で周到なプランがないせいで失敗することがひじょうに多い。このプランづくりのステップが、最終的に成功するかどうかの決め手になる。プランにはつぎのような要素が含まれなければならない。

a◆最も影響されやすい個人が受ける、変化の影響に対するプラン

b◆最も影響されやすい組織内のシステムが受ける、変化の影響に対するプラン

c◆変化を組織に融合させていく段階的なプラン

3◆実施する

組織内の変化がいっきにもたらされるか徐々に進められるかは、変化のタイプと範囲による。レイオフや他部門との吸収や合併などは、事前の警告がほとんどないまま実施されることが多い。一方、従業員の配置転換、組織再編、機器やシステムの更新などは、時間をかけて状況を見ながら行なわれることもある。変化がこの段階にあるときのチームの最も重要な仕事は、正直でオープンな相互のコミュニケーションを保つことだ。

a◆一人ひとりの責任を明確に規定する。

b◆変化を告知し、始動させる。

c◆予定表に忠実に進める。

d◆期待される変化の利益を宣伝する。

4◆結果を見直す

変化が実施されたら、その新しい仕組みやシステムの効果を監視しなければならない。

プランどおりに変化が展開するとか、変化に影響を受けるすべての人が予想どおりに反応すると決め込んではいけない。管理職の役割は、見直しのためのチェックポイントを設け、変化が期待どおりの効果を上げているか、求められた結果を出しているかを観察することである。

a◆結果を測定する方法を確立する。

b◆結果が良好かどうかの判断基準を共有する。

c◆結果の収集、測定の手はずをととのえる。

d◆見直しのあいだも、チームの主たるメンバーに一貫して情報を提供する。

5◆変化を組織の基準に統合する

変化の結果をチェックして、プランどおりの成功をおさめていることがわかれば、その変化は是とされて組織の新たな基準の一部となる。見直しの作業は終了させず、新しいシステムと組織内の諸関連を引きつづき監視する。つぎのように問う。

a◆この変化はプランどおりの成果を上げているか。

b◆自分はこの新体制に十分に適応しているか。

c◆期待に達していないのは変化のどの側面か。

d◆それらの側面を成功させるについての自分の役割は何か。

6◆必要な調整をする

結果を見直して、プランどおりの成果が上がっていないことがわかったら、実施のしかたを調整する必要がある。状況分析とプランが的確だとすれば、組織内での変え方を調整して望ましい結果を達成する。

a◆結果がプランを下回るのはどこかをつきとめる。
b◆適任者を必要な調整の判断にあたらせる。
c◆全関係者間のコミュニケーションを良好に保つ。
d◆実施のしかたにくわえ評価のプロセスについても調整する。

遠くまで行けた者は、たいてい自ら行きたいと思い、思い切って行ってみた者だ。安全第一にしていたら、船は岸から離れられない。

デール・カーネギー

職場の変化とスタッフの不安

組織が変化すると、その職場の全従業員が影響を受ける。それぞれの身辺がどう変わるかを事前に通告しておけば、自分の仕事がどう変わるのかといった不安が減るだろう。職場の変化として代表的なのは、つぎのようなものだ。

◆組織構造の変化

責任者や指揮系統の変化、社屋の移転、吸収や合併などの大規模な変革がこれにあたる。従業員は居場所を失ったような感じや、居心地の悪さをおぼえることが多い。この種の組織的な改革を率いるときは、コミュニケーションと個人へのサポートが重要な要素になる。

◆製品やサービスの追加・更新

サービスや品揃えが充実するのは組織にとって好ましい変化だが、生産、調達、在庫管理、保管、サービス、セールスなどに至る全従業員が大きな影響を受ける。管理職はコミュニケーションの経路を全開にし、つねに新しい情報に通じていなければならない。

◆リーダーシップの変化

今日の職場では、どこでも昇進、異動、退職、レイオフ、そして組織再編といった変化が絶え間なく起きており、どの場合にも結果として管理職が交代する。こうした変化の時期を管理するときの課題は、スタッフとのあいだに心の通う良好な人間関係をつくること、できるだけ早く信頼関係を築くことだ。

◆新しいテクノロジーの導入

テクノロジーの加速度的な発展によって、個人もチームも変化についていくのが大変になっている。個人はとくに、手も足も出ないといった感じの無力感をもつことがある。

変化を乗り切るリーダーの自己管理

職場のリーダーは、変化への適切な対応の手本となることを期待される。身辺の変化にどう反応するかを大勢の部下が見ているというわけだ。もしも悩みやストレスを抱えたように見えれば、スタッフの不安感は倍増するだろう。行動と態度に自制心を失ってはならないことを肝に銘じてほしい。


1◆ネガティブな思考を避ける。憤懣、敵意、恐れが生じたときは、見方を変えて、これは自己成長の機会でありチャンスであると考える。

2◆心配事や関心事を隠さない。どういう考えや気持ちでいるかを周囲が理解できるようにする。

3◆変化を首尾よく乗り切るという課題に対して現実的になる。

4◆問い合わせと調査を通して情報を収集する。来たる変化についてできるだけ知識をもつ。

5◆目下の職務をできるだけ生産的に遂行する。組織的業務、記録的業務に重点を置き、責任を他へ譲り渡す準備をする。また自分の職務能力をいつでも証明できるようにしておく。

6◆新しいアイディアにチャンスを与える。新しい人間関係について性急な判断をしない。柔軟で寛大な精神を保つ。

7◆効果的なストレス対策を実行する。

8◆必要に応じて新しい知識やスキルを身につけ、有能で柔軟なチームメンバーという印象を失わない。

9◆カウンセラーやメンターなど、組織内の支援を利用することも考慮する。

10◆変化を受け入れ促進することにリーダーとして尽力する。

スタッフに変化を受け入れさせる

変化の主要な部分が完了すれば、仕上げの段階になる。新方式を固め、強化し、磨きをかけていく作戦を進めなければならない。管理職やマネジャーは、その変化が職場に利益をもたらすからといって、スタッフが喜んで受け入れると決め込んではならない。抵抗に遭わないほうがめずらしいだろう。これを乗り越えるのがつぎの課題だ。

変化に対してはほとんどの人が多少なりとも抵抗感をもち、ややもすれば以前のやり方や習慣に逆戻りしようとするのを忘れてはいけない。このもとに戻ろうとする傾向を断つには、なぜ人が新しい行動を嫌うのか、どうやったら抵抗を減らせるかを理解することだ。

変わることにはつぎの五通りの恐れをともなうことが心理学で指摘されている。

1◆未知のものへの恐れ。慣れ親しんだ環境や行動など、よく知っているものに接しているときに私たちは最も心が安らぐ。

2◆失敗への恐れ。新しいことを試して、うまくいかなかったらどうなるのかという不安。

3◆束縛への恐れ。特定の目標に努力を集中させることへのためらい。

4◆非難への恐れ。変化を起こすと、必ず誰かに非難される。ずっとこのやり方でやってきたのに、なぜ変えるのかと責められることが多い。

5◆成功への恐れ。成功すると、人に妬まれたり、うぬぼれていると思われたりしないかという心配。

自分や家族、職場、会社の向上をはかるには、こうした恐れを乗り越えて、必要な変化を遂げる努力をしなければならない。

変化にはつぎのようなステップがある。リーダーはこれらのステップを自分が踏んでいかなければならないだけでなく、スタッフも同様に踏み越えていけるように指導する必要がある。

◆古きを捨てる

習慣や根づいた思考パターンを捨てるのは難しい。生活パターンのなかのそういう変化は、たいていは喪失の証と見なされる。まさしく私たちは安全でなじみ深い環境を喪失し、不慣れで怖いところへ行こうとしているわけだ。それは長年の同僚を失うことであったり、長く心血を注いできて自分の存在証明ともなっていた仕事を失うことであったり、大切な価値観を失うことであったりする。

しかしどんな喪失のときもそうであるように、古いものは手放さなければならない。過去と別れることは容易ではない。動揺し、心が乱れる。心の底から揺さぶられることがある。怒る人も、沈む人も、混乱する人もいるが、そのすべての感情に苦しんでからでないと、古いものを捨て新しいものを受け入れることができない人も多い。

管理職の役割は、部下が変化の迷路を通り抜ける手助けをすることである。現実的な条件で、そしてよりすみやかに、らくに、感情的な消耗をできるだけ少なくして出口へたどり着かせることだ。

◆前進する

新しいやり方になじむのも容易ではない。古いやり方と新しいやり方のあいだで身動きが取れなくなることもある。変化をののしり、以前の安全で慣れ親しんだやり方に戻りたい、未知の領域へ追い立てられるのは嫌だと嘆く声がしばしば聞こえてくるだろう。大勢の従業員が悩み、疑いや恐れや心配にさいなまれる。大地から根こそぎにされたように感じ、新しい秩序に自分が果たして納まるかどうかもわからない。新しい手法、新しい目標は、かつていくつもの成功をおさめた人々にとってさえ脅威になることがある。

人は変化の過程を通り抜けなければならない。疑いと恐れを自分のペースで解消しながら。これは自らの役割を定義し直し、仕事への意欲と取り組み方を新たにする期間だ。新しい考え方や新しい選択肢を試すこともできるし、自己像を修正することもできる。しかしエネルギーのいる混乱のときだ。過去と未来の衝突がまだ完全には解消されていないからだ。

世間の偉業のほとんどは、まるで希望がないように見えたときでも、やってみることをやめなかった人々がなし遂げたものだ。

デール・カーネギー

◆適応する

やがて新しいやり方が古いそれに取って代わる。いまや人々は変化の過程に柔軟になっている。かつては拒絶された考え方や行動がいまは試されている。その成功を目にするにつれ、新しい行動にはずみがついて自信がわきはじめる。より複雑な適応に進む用意もできている。

新しい考え方と仕事のしかたが十分に浸透すれば、人々は新しい自分を発見し、ありそうもないと思っていたことが実際に起きるのを目の当たりにする。そこから新たな自信と、帰属感と、情熱が生まれる。組織の新しい文化を受け入れ、その成功を請け合う決意が固まる。

新しいアプローチ、手法、テクニックが、完全な受容へのとびらを開いていく。かつてはエイリアンのようであり脅威であったものが、いまや一つの生き方となっている。人々は新しい文化に順応し、新しい働き方を採用している。自己像を形成し直し、変化を遂げたことを誇りにしている。

◈変化の完了

変化に終わりはあるのか？　変化が永遠に続いていくことに疑問の余地はない。しかし変化の過程を意義深いものにするには、何らかのかたちで終点を決めておくべきだ。開始の時点で、設定された目標に到達するにはどれくらいの期間がかかるかを判断する。これは事態の複雑さによって一年以下の短い期間のこともあれば、数年におよぶこともある。期間の設定が短すぎると、主要な仕事はすまされ、調整も始まっているかもしれないが、真に文化を変えるような、耐久力のある変化はなし遂げられない。逆に期間を長く取りすぎると、途中で情熱と決意が衰えることがある。

変革に終わりはない

前にも述べたように、組織文化の変化はつねに「建設的不満足」の精神と一体でなければならない。何事もこれで完璧ということはない。どうしたら仕事をもっと効率的にできるかに一人ひとりが目を光らせているべきだ。現状に満足しない態度が、管理職にも従業員にも浸透していることが大切である。誰もが新しいアイディアとよりよい手法の発信源になるだけでなく、会社側もまた、発せられたアイディアが決定力のある管理職レベルにまで届くように、支援と処理の仕組みを確立する必要がある。

変革がどれほど成功しようと、状況は片時も静止してはいない。いい気になっていてはいけない。初めに設定した目標は、たしかに達成されたかもしれない。しかしテクノロジーや販売戦略や人間関係が刻々と変化しつづけるように、最高の効率を維持したければ、私たちの考えも更新され改訂されつづける必要がある。それに備えることだ。

まとめ

◆職場環境が変わるときは、ほとんどの人が不安をおぼえる。変化をうまく乗り切るには、不安や恐れを払拭する方法を見つける必要がある。

◆変化に対して前向きな姿勢を保つには――

- 期待を調節する
- 変化に備え、ネットワークを築く
- 辛抱強くなる
- 冒険心をもつ
- 建設的な不満をもつ
- 日々新しい何かに挑戦する
- 情報を求める

◆変化をじょうずに起こすには――

- 状況を分析する。「変えることによる潜在的な利益は何か」「コストはどれだけか」「変えることによるリスクは何か」「変えないことによるリスクは何か」を問う。
• プランを立てる。変化することによる利益がリスクを上回ると判断されたら、実施のプランを立てる。
• 実施する。組織内の変化がいっきにもたらされるか徐々に進められるかは、変化のタイプと範囲による。
• 結果を見直す。新しい仕組みやシステムの効果を監視する。見直しのためのチェックポイントを設け、変化が期待どおりの効果をあげているか、求められた結果を出しているかを観察する。
• 変化を組織の基準に統合する。「この変化はプランどおりの成果を上げているか」「期待に達していないのは変化のどの側面か」などを問う。
• 必要な調整をする。問題点を修正し、長期的な成功を確実にする。

◆職場のリーダーは、変化への適切な対応の手本となることを期待される。行動と態度に自制心を失わないように留意する。

◆変化に対してはほとんどの人が抵抗感をもち、以前のやり方や習慣に逆戻りしようとするのを忘れてはならない。

◆管理職は変革の必要性を油断なく見張っていなければならないし、変化を受け入れる用意がなければならない。またスタッフを教育し、変化を受け入れるだけでなく、その成功に熱意をもって取り組めるような柔軟性を養わせることも必要になる。

デール・カーネギーの原則

人にもっと好かれる人間になる三〇の原則

1◆批判しない。非難しない。小言を言わない。

2◆心からほめる。正直にほめる。

3◆人を心からそうしたいという気持ちにさせる。

4◆人に心から関心をもつ。

5◆笑顔を忘れない。

6◆名前はその人にとって、他の何よりも心地よく聞こえる言葉であることを忘れない。

7◆よい聴き手になる。人に自分についての話をさせる。

8◆相手が興味をもっていることを話題にする。

9◆相手に自分は重要な人間だと感じさせる。心からそうつとめる。
10◆議論に勝ちたければ、議論しないことだ。
11◆人の意見に敬意をしめす。「あなたはまちがっている」と決して言わない。
12◆自分がまちがっていたら、直ちにはっきりと認める。
13◆話は愛想よく切り出す。
14◆即座にイエスと答える質問をする。
15◆心ゆくまで話をさせる。
16◆これは人から押し付けられたのではなく、自分の考えだと思わせる。
17◆相手の立場でものを見ることに真剣につとめる。
18◆考えと欲求に共感する。
19◆高いこころざしに訴える。
20◆アイディアをドラマティックに演出する。
21◆チャレンジ精神に訴える。
22◆まずほめる。正直にほめる。話はそれからである。
23◆ミスは直接指摘せず、間接的な方法で当人に気づかせる。
24◆他人を批判するまえに、自分の失敗談を打ち明ける。
25◆命令するかわりに質問する。

26◆相手の顔をつぶさない。
27◆進歩はどんなにわずかなものでも、そのつどほめる。
「心からうなずき、惜しみない賛辞をおくる」ことを忘れない。
28◆高い評価を与え、期待に応えさせる。
29◆励まして、欠点は容易に直せるという気持ちにさせる。
30◆こちらの提案に喜んで従える工夫をする。

悩みを乗り越える基本的原則

1◆今日というこの一日だけを生きる。
2◆困難に直面したら――
a◆起こりうる最悪の事態は何かを自問する。
b◆その最悪の事態を受け入れる覚悟をする。
c◆その最悪の事態が少しでもよくなるような努力をする。
3◆悩むと、その高額のツケを健康で支払うことになるのを忘れてはならない。

悩みを分析する基本的テクニック

1◆あらゆる事実を入手する。
2◆すべての事実をはかりにかけてから決断する。
3◆ひとたび決断したら、行動する。
4◆つぎの質問を書き出しておき、それに答える。
a◆問題は何か？
b◆問題の原因は何か？
c◆どんな解決法が考えられるか？
d◆最良の解決法はどれか？

悩み癖を寄せつけない六つの心得

1◆忙しく暮らす。
2◆小さいことで大騒ぎしない。
3◆めったに起きない事態を想像して取り越し苦労をしない。

4◆避けられないこととは共存する。
5◆それがどれだけ悩む価値のあることかを判断し、それ以上に悩まない。
6◆すんだことにくよくよしない。

心の姿勢を養い、安らぎと幸せを呼ぶ七箇条

1◆穏やかで、勇敢で、健全で、希望に満ちた考えで頭をいっぱいにしておく。
2◆仕返しをしようとしない。
3◆感謝されることを期待しない。
4◆幸せの数を数える。苦労の数ではなく。
5◆人の真似をしない。
6◆失敗から学ぶようつとめる。
7◆他人を幸福にする。

デール・カーネギーについて

デール・カーネギーは、今日ではヒューマン・ポテンシャル・ムーブメント（人間の潜在性開発運動）と呼ばれる成人教育活動のパイオニアである。彼の教えと著作はいまも世界中で、人々が自信をもち、人柄をみがき、影響力のある人間になる後押しをしている。

カーネギーが初めて講座を開いたのは一九一二年、ニューヨーク市のＹＭＣＡでのこと。それはパブリックスピーキング、すなわち人前で話すことやスピーチのしかたを指導する教室だった。当時のほとんどの話し方教室がそうだったように、彼の講座も、すぐれた話し方の基礎理論から始まった。しかし生徒たちはたちまち飽きてしまい、そわそわとよそ見をしはじめる。これはなんとかしなければ……。

デールは講義をやめて、教室のうしろのほうに座っていた一人の男性に声をかけ、立って話をしてくれないかと頼んだ。自分のいままでのことについて何でも思いつくままに話していいからと。その生徒の話が終わると、別の生徒にも同じことを頼み、そうやって順々に話をさせていくうちに、結局はクラス全員が自分のことについてちょっとしたスピーチをしていたのだった。クラスメートの励ましとカーネギーの指導によって、誰もが人前で話すことへの恐怖心を乗り越え、りっぱに話していた。カーネギーはそのときのことを、のちにこう報告している。「私はそれと気づかないうちに、恐怖心を克服する最良の道へと、よろめくように踏み出していたのである」

カーネギーの講座は大人気となり、他の都市からも開催を頼まれるようになった。それからの年月、彼はたゆむことなく講座を改良しつづける。生徒たちが最も関心をもっているのが、自信を高めることや人間関係の改善、社会的成功、そして不安や悩みの克服などだとわかると、講座のテーマもパブリックスピーキングから、そういうものへと変わっていった。それ自体が目的だったスピーチは、他の目的のための手段になった。

カーネギーは生徒たちから学んだことにくわえて、成功した男女が人生をいかに生きてきたかを徹底的に調査し、その成果を講座に取り入れた。そこから彼の最も有名な著作『人を動かす』（*How to Win Friends and Influence People*）が誕生する。

その本はたちまちベストセラーとなった。一九三六年の初版以来、一九八一年の改訂版と合わせて販売部数は二〇〇〇万部以上。三六の言語に翻訳されている。二〇〇二年には「二〇世紀最高のビジネス書」に指名され、二〇〇八年にはフォーチュン誌から「リーダーの本棚に備えられるべき七冊の本」の一冊にも選ばれた。一九四八年に出版された『道は開ける』（*How to Stop Worrying and Start Living*）も、数百万部の売れ行きとなり、二七の言語に翻訳されている。

デール・カーネギーと彼が創立したデール・カーネギー協会の後継者たちがこれまでに開発し指導してきたコースやセミナーは、すでに世界七〇カ国以上で、何百万人もの人々に受講され、工場やオフィスに勤める人たちから政府の高官まで、あらゆる社会階層の人々の人生を変えている。修了生には大企業のＣＥＯ（最高経営責任者）もいれば、議員もいる。あらゆる業界の、あらゆる規模の会社や組織のオーナーや管理職がいる。そこでの経験によって人生が豊かになった数え切れない有名無名の人々がいる。

一九五五年一一月一日、デール・カーネギーが世を去ると、ワシントンのある新聞は死亡記事で彼の功績をこう称えた。「デール・カーネギーは宇宙の深遠な謎の何かを解明したわけではない。しかし、人間がおたがいに仲良くやっていくすべを知るという、ときには他の何より必要と見えることに、おそらくは今日の誰よりも貢献した」

デール・カーネギー協会について

デール・カーネギー・トレーニングは一九一二年、自己改善の力にかける一人の男の信念によって始められ、今日では世界中に拠点をもつ組織となって、実践を中心にしたトレーニングを行なっています。その使命はビジネス社会の人々にスキルをみがき能力を向上させる機会を提供して、強く安定した、高い利益につながる実力を身につけていただくことです。

創業当初のデール・カーネギーの知識は、それからほぼ一世紀におよぶ実社会のビジネス経験をとおして更新され、拡大され、洗練されてきました。現在は世界に一六〇箇所ある公認の拠点を通じ、あらゆる業種、あらゆる規模の会社や組織でのトレーニングやコンサルティング業務の体験を活用して知識と技術の向上に励んでいます。この世界中から集められ、蓄積された経験は、ビジネス社会に対する深い眼識となり、日々に拡大される知恵の宝庫となって、高い業績を追うクライアントの厚い信頼を得ています。

デール・カーネギー・トレーニングはニューヨーク州ホーポーグに本部を置き、アメリカ合衆国五〇州のすべてと七五をこえる国々で講座を開いています。プログラムを指導するインストラクターは二七〇〇人以上、使われる言語は二五以上。世界中のビジネス社会に役立つことに全力をあげており、じじつ修了生は七〇〇万人にのぼっています。

トレーニングの中心となるのが実用的な原則とその習得です。独特のプログラムが開発されており、人々がビジネス社会で自らの価値を高めるのに必要な、知識とスキルと実践の場を提供しています。実社会で出会う種々の問題と、効果の証明された解決法とを結びつけるデール・カーネギー・トレーニングは、人々から最良のものを引き出す教育プログラムとして世界中から認められています。

デール・カーネギー協会では品質保証の一環として、トレーニング効果の測定・評価を行なっています。現在進行中の顧客満足度に対する世界的な調査では、修了生の九九パーセントが、受けたトレーニングに満足したと回答しています。

編者について

本書の編者アーサー・R・ペル博士は、二二年間デール・カーネギー協会の顧問をつとめ、同協会よりデール・カーネギー著『人を動かす』（*How to Win Friends and Influence People*）の改訂・編者に選任されている。『自己を伸ばす』（*Enrich Your Life, the Dale Carnegie Way*）の著者であり、一五〇の業界・専門誌に毎月掲載されたデール・カーネギー特集「ザ・ヒューマンサイド」の執筆・編集も行なった。

人材管理、人間関係改善、自己啓発にかんする著作は五〇作以上、記事は何百編にもおよぶ。またナポレオン・ヒル『思考は現実化する』、ジョセフ・マーフィー『眠りながら成功する』、ジェームズ・アレン『「原因」

と「結果」の法則』、ヨリトモ・タシ『コモンセンス』などのほかオリソン・スウェット・マーデン、ジュリア・セトン、ウォーレス・D・ワトルズらによる潜在性開発分野の古典的作品の改訂・編集も行なっている。

〈訳者紹介〉

片山陽子（かたやま・ようこ）

翻訳家。お茶の水女子大学文教育学部卒業。訳書はE・ウィナー『才能を開花させる子供たち』（日本放送出版協会）、J・キーオ『マインド・パワー』（春秋社）、F・ジョージ『「できない自分」を「できる自分」に変える方法』（PHP研究所）、A・クライン『笑いの治癒力』、A・ロビンソン『線文字Bを解読した男』、G・E・マーコウ『フェニキア人』（以上、創元社）など多数。

D・カーネギーの突破力《とっぱりょく》

二〇一一年七月二〇日　第一版第一刷発行

訳者　片山陽子

発行者　矢部敬一

発行所　株式会社　創元社

〈本　社〉〒五四一-〇〇四七
大阪市中央区淡路町四-三-六
電話（〇六）六二三一-九〇一〇㈹

〈東京支店〉〒一六二-〇八二五
東京都新宿区神楽坂四-三　煉瓦塔ビル
電話（〇三）三二六九-一〇五一㈹

〈ホームページ〉http://www.sogensha.co.jp/

印刷　太洋社　組版　はあどわあく

ISBN978-4-422-10036-4 C0311